LETTRE

ÉCRITE A UN MÉDECIN QUI DÉSIRE CONNAÎTRE

LA

BIOGRAPHIE

DE

J.-J.-ALEXIS ALQUIÉ,

PROFESSEUR DE CLINIQUE CHIRURGICALE A LA FACULTÉ DE MÉDECINE DE MONTPELLIER,
CHIRURGIEN EN CHEF DE L'HÔTEL-DIEU St-ÉLOI, LAURÉAT DE L'ACADÉMIE DE MÉDECINE
DE PARIS, MEMBRE DE LA SOCIÉTÉ DE CHIRURGIE DE PARIS, DE L'ACADÉMIE DE
MÉDECINE D'ATHÈNES, CHEVALIER DE LA LÉGION D'HONNEUR, ETC.;

PAR

Louis SURDUN,

MÉDECIN DU BUREAU DE BIENFAISANCE.

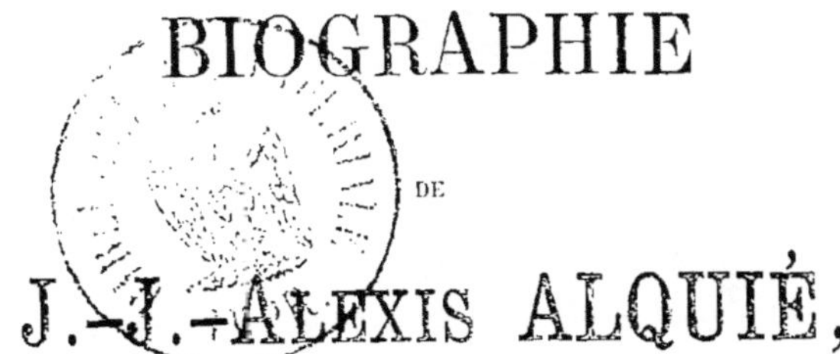

MONTPELLIER,
IMPRIMERIE RICARD FRÈRES,
Plan d'Encivade, 4.

1866.

LETTRE

ÉCRITE A UN MÉDECIN QUI DÉSIRE CONNAITRE

LA

BIOGRAPHIE

DU PROFESSEUR

J.-J.-ALEXIS ALQUIÉ.

MONSIEUR ET HONORÉ CONFRÈRE,

Vous désirez connaître la vie d'un homme qui a su, dites-vous, s'attirer la haine des uns, mais l'amour et l'admiration des autres ; d'un homme qui, par sa haute position obtenue à la fois si péniblement et si brillamment, a des droits acquis autant dans la vie scientifique que dans la vie publique. En effet, tout homme qui se produit aux premiers rangs dans la société peut et doit être cité comme un exemple du Bien ou du Mal, suivant que la vertu ou le vice a servi à son élévation ; car vous n'ignorez point que l'un ou l'autre peut faire un grand homme.

Je ferais preuve de fausse modestie si je vous disais que je me sens incapable de vous exposer dignement quels furent les commencements laborieux , les obstacles insurmontables , les luttes vaillantes, les succès mérités , en un mot, la noble vie de cet homme qui, de rien, devint éminent, qui fut haï par ceux que sa probité gênait , qui fut jalousé par ses émules et même ses supérieurs que sa valeur intéressait , enfin qui fut aimé et admiré par tous ceux que ses vertus entraînaient. Ces derniers ne sont peut-être point les plus importants , les plus officiels; ils sont les plus nombreux, les plus sincères, les plus dévoués. Je suis fier d'être de ce nombre, et mon indignité devant la tâche que je vais remplir fait place à une hardiesse qui sera certainement appréciée par cette malveillance qui ne pardonne jamais, même aux morts, mais qui sera justifiée par la pureté de mes intentions , par les obligations de mon cœur envers un homme qui m'estimait et m'aimait, bien que je n'aie jamais et encore rien fait pour lui.

Je vous écris ces lignes, honoré Confrère , du cabinet même du savant Professeur. Absent de Montpellier, lorsqu'il quitta ce monde , je ne pus d'abord croire à sa mort que déjà, depuis plusieurs mois, la rumeur publique, enflée par une singulière malignité , avait faussement propagée. A mon départ, j'avais laissé le Professeur plein de vie , de santé et d'ardeur pour de nouveaux travaux. Il fallut cependant accepter la réalité et pleurer sa perte. . . . . . .

Vous représentez-vous maintenant tout ce que je dois éprouver ici , dans cette pièce , seul en face de cette place

vide où, il y a quelques jours à peine, je surprenais
souvent le Professeur entouré de ces livres chéris, toujours
occupé à prendre, à corriger, à collationner des notes,
des observations, à parfaire quelque dessin d'anatomie
pathologique; ou bien conversant avec entraînement sur
quelque sujet scientifique? C'était dans ce cabinet que tout
l'homme se voyait, se laissait voir; il n'en était que plus
digne et plus admirable; le sévère Professeur devenait
affable, communicatif; il était bien toujours un peu trop
sérieux, mais on le déridait facilement; son sourire prenait alors une expression qui n'était plus celle de la
Faculté, où il ne put jamais rire : — que de chagrin,
comme le philosophe, — disait-il quelquefois. Cependant
le Professeur riait de temps en temps, dans le monde,
dans le salon même, où il allait si peu, car il n'aimait
pas le salon, — plus tard vous verrez pourquoi ; —
alors il riait de si bon cœur, que ses ennemis ne man-
quaient pas de faire observer sa légèreté. — « Il ne rit
pas toujours ! » leur dit un soir, d'un ton sévère, un
homme qui appréciait hautement le Professeur, et qui ne
riait pas toujours, lui aussi : le général DE ROSTOLAN. —
Ah ! si quelquefois le Professeur riait dans un salon, et
qu'on eût voulu en savoir la raison, bien certainement
les motifs n'auraient pas fait rire ceux qui le taxaient
d'homme léger. — Pouvait-il, d'ailleurs, être léger cet
homme dont la constante préoccupation était de méditer
sur les maladies, les infirmités, les douleurs de ses semblables, en même temps de rechercher les moyens de
les soigner, de les soulager ou de les consoler ?

Ce que j'éprouve dans ce cabinet, à jamais désert, est

quelque chose de navrant, de fatidique qui déprimerait ma raison si, dans cet endroit même, je ne trouvais à chaque pas mille sujets propres à ranimer mon esprit, à intéresser mon cœur, enfin à distraire ma douleur. Ces sujets, — vous les devinez, — ce sont les traces encore humides et chaudes qu'a laissées l'homme surpris par la mort : — ici ce sont des monceaux de notes, de manuscrits ; — là, des lettres, des ébauches, des projets, des plans de travaux gigantesques, des amas considérables d'observations cliniques ; — que de richesses peut-être, hélas, désormais inutiles ! — Combien je me sens faible et petit dans cet antre de Lion ! — Ne suis-je point un impie dans ce sanctuaire du Travail ? — Ces livres, ces lettres, ces pages que mes yeux dévorent, que mon cerveau contemple, grandissent mon esprit et m'inspirent le devoir.

A d'autres incombe la tâche de traiter académiquement la mémoire de l'honoré Professeur ; vous serez sans doute, cher Confrère, aussi heureux que moi de lire un jour cet hommage tout officiel rendu à cette chère mémoire ; pour aujourd'hui, veuillez vous contenter de ce que mes souvenirs, mes recherches, mes renseignements, peut-être même mes indiscrétions m'ont permis de recueillir. Ce que vous ne pouvez prétendre à trouver dans la forme et la valeur de l'œuvre sera compensé, je l'espère, par l'intérêt que peut offrir une véritable biographie, un portrait dont la ressemblance rappellera à tous : la beauté de l'intelligence, la noblesse du cœur, le sentiment des devoirs, la dignité dans l'adversité et surtout une probité qui défie hautement toutes les haines.

Le Professeur lui-même, voulant écrire la vie d'un homme pareil à lui ; aurait , il me semble, commencé par les réflexions suivantes :

Il ne s'agit pas de tracer la vie d'un de ces êtres privilégiés qui , par l'influence de la fortune , du népotisme ou de conditions moins honorables , sont portés aux premières positions de la société : ils trouvent assez d'apologistes complaisants pour leur accorder les vertus et les talents que la nature ou la justice leur refuse ; quel intérêt, d'ailleurs, pourrait s'attacher à des biographies de ce genre ? — En quoi la morale et la vérité peuvent-elles approuver de semblables récits ? — Le silence est leur plus digne récompense. — Mais lorsqu'un homme, sorti des rangs les plus infimes de la société , sans fortune , sans soutiens naturels , a surmonté tous les obstacles, et, quarante ans durant, a vaincu les nombreuses étreintes de la misère , s'est élevé aux premiers postes d'un état supérieur ! — la vie de cet homme intéresse l'histoire ; elle est un exemple précieux à conserver aux générations futures, ou un modèle à présenter au Génie dans l'infortune, au Talent sans appui ; — exemple qui leur crie sans cesse : *labor improbus !* — Vous donc que le hasard de la naissance a placé dans les conditions les plus inférieures de notre société, et qui cependant sentez en vous la noble ambition , ce don précieux de la nature, parcourez ces lignes : elles vous apprendront combien d'obstacles, de peines, de privations , d'efforts vous attendent ; mais aussi le récit de ces détails intimes de la vie réelle vous prouvera ce qu'une volonté opiniâtre peut produire, et vous procurera de douces consolations, de douces espérances !

A la suite de l'Armée française, refoulée de l'Espagne
après la bataille de Vittoria, deux jeunes mariés suivaient
la vie pénible des camps et des marches militaires, ap-
portant à nos soldats des ressources alimentaires que les
Administrateurs ne pouvaient pas toujours leur procurer.
De ces pauvres vivandiers naquit, à Perpignan, le 22
Septembre 1812, un enfant bien chétif qu'on nomma
J.-J.-Alexis Alquié. Son parrain fut un pauvre menuisier
qui ne se doutait certainement point alors qu'il reverrait,
quarante ans plus tard, son petit filleul devenu successeur
de l'illustre Delpech, et Chirurgien en chef d'un célèbre
Hôpital, où il viendrait, vieux et souffrant, lui demander
soins et protection. Trois jours s'étaient à peine écoulés
depuis cette naissance, que la modeste famille se dirigeait
vers le pays natal de la mère : Montpellier, où le petit
enfant devait développer et faire couronner, après trente ans
d'efforts, les nobles qualités dont la nature l'avait doué.
A quels efforts d'industrie sont contraints deux jeunes
mariés sans instruction et sans fortune? Le père Alquié,
tour à tour, fabriquait des chaussons, tondait des mulets,
tenait cabaret, tandis que la mère vendait des herbages,
des fruits ; enfin, de chute en chute, de déceptions en déceptions, le jeune couple se fit marchand de bric-à-brac
et de vieux effets. Couché à peu près dans la mansarde
d'une maison du Marché, le petit Alexis était néanmoins
devenu bel enfant, d'une santé et d'une fraîcheur à faire
envie, à tel point que la femme du riche propriétaire de
la maison ne répugnait pas à soustraire fréquemment le
beau nourrisson pour lui prodiguer une exubérance de
lait qui la tourmentait; ainsi le fils du vivandier devint le

frère de lait de l'héritier d'une fortune princière. Pendant dix ans, le père nourricier se montrait orgueilleux de son nouveau et joli enfant; les nourrissons du même lait jouaient avec toute l'égalité du premier âge; mais ensuite la fortune fit sentir sa prépondérance à la misère. Pendant vingt ans, le fils du riche propriétaire s'éloigna de l'enfant du prolétaire à qui il n'hésita pas cependant à venir demander des services, lorsque le fils du vivandier eut acquis, par ses talents et ses longs travaux, le droit de regarder avec pitié l'incapacité dorée.

Jusqu'à l'âge de 11 ans, le jeune Alexis fut, dans toute la force du terme, un véritable gamin, courant les rues et préférablement dans la campagne, habillé le plus souvent d'une simple culotte retenue par une ficelle, nu-pieds, les cheveux en désordre, l'œil audacieux, effronté, babillard, sautant, chantant toujours, agile, espiègle comme pas un, nourrissant son jeune sang de plein soleil, de grand air, imprégnant sa fibre cérébrale des prémices de la belle et immense nature : — petit ange humain formé dans les limbes de la misère, aspirant, sans le savoir encore, au grand Inconnu !...

En compagnie de quelques enfants de sa condition, notre jeune maraudeur montrait déjà, dans ses fréquentes escapades, l'intelligence et l'activité qu'il devait employer plus tard, avec tant de succès, aux occupations les plus graves et les plus méritées ; ses espiègleries n'avaient pas toujours un résultat très-agréable : sur les plaintes de gens plus ou moins lésés, le père Alquié faisait sentir, à l'intrépide gamin, tout son amour paternel, s'il est vrai que, selon le proverbe, qui bien aime bien châtie.

On a vu, dit-on, des personnes bornées, un moine notamment, dont l'intelligence s'est grandement développée à la suite de coups reçus sur la tête ; cela est d'autant plus étonnant, que c'est le contraire qui arrive généralement. Quoi qu'il en soit, le jeune Alquié eut le droit de penser que de pareilles excitations ne furent pas étrangères au développement de ses facultés intellectuelles, puisque de vigoureux coups de bâton lui ont ouvert le crâne sans amener chez lui l'imbécillité.

Pauvres petits enfants battus !.... Combien y en a-t-il de par le monde ?.... La fatale ignorance semble crier ses droits en violentant ceux-là même qu'elle a enfantés et qu'elle nourrit. Chaque coup est une leçon de barbarie qui se grave à jamais sur le petit être. Par quel mystère en est-il ainsi ?.... Mais Dieu permet aussi que cette dégradation du bas âge ne s'imprime point toujours sur tous les petits enfants battus !...... Cette dépréciation pourrait bien paraître futile à ceux qui n'ont jamais subi de pareilles épreuves et qui ne peuvent comprendre tout ce que les souvenirs d'une éducation à peu près semblable, joints aux impressions journalières de notre noble profession, apportent à l'esprit de notre épisode. La douleur physique se calme, guérit, s'oublie ; — la douleur morale peut s'assoupir, mais elle s'éveille au moindre bruit. De pareils souvenirs étaient bien des fois rappelés par l'habile Professeur, qui en déguisait souvent toute l'amertume par le récit de quelque fameuse espièglerie dont le tragicomique faisait un heureux contraste.

Pour l'arracher à cette vie vagabonde, le père Alquié plaça son fils chez un Instituteur primaire. Celui-ci, per-

suadé, sans doute, que l'instruction n'était pas l'objet
pour lequel on lui avait confié le jeune enfant, l'occupait,
selon ses besoins, à des détails domestiques. Ainsi dix-
huit mois furent perdus ; à 12 ans passés, Alexis était
encore entièrement étranger aux premiers éléments de
la langue française, sachant à peine distinguer les gros
caractères de l'alphabet. Le père, voulant un jour s'assurer
des progrès de son fils, le trouva, à son grand étonnement,
parfaitement ignorant. Par dépit des dépenses faites inutile-
ment, l'enfant fut envoyé aux Frères des Écoles chrétiennes ; ceux-ci donnèrent enfin à leur élève l'instruction
primaire. Plus tard, soit ambition des parents, soit
preuves intellectuelles de l'enfant, le fils du fripier dut
aborder la littérature latine, grecque, française ; il dut
placer celle-ci la dernière, car elle est celle dont on
s'occupe le moins dans notre système universitaire. Divers
pensionnats reçurent le nouvel adepte des muses, notamment celui de MM. Crozals, établi dans la belle maison où
siégea long-temps la Faculté des Sciences, rue Embouque-
d'Or.

Le trop vif élève ne commença à faire des progrès
sérieux, dans ses études classiques, que lorsqu'il fut admis
au Collège : encore les premières années ne furent pas
satisfaisantes ; ce ne fut que dans les classes supérieures
qu'il fit preuve d'heureuses dispositions et remporta ses
premières places et ses premiers prix.

Tandis qu'il poursuivait ses succès scolastiques, le fils
du fripier fréquentait les Écoles gratuites destinées aux
beaux-arts. Il apprit la musique sous M. VINCI ; mais il
conçut de bonne heure une préférence marquée pour le

dessin et la peinture. Les richesses merveilleuses de notre Musée, la haute considération attachée au nom de M. Fabre, l'utilité manifeste de cet art applicable à tant de choses, déjà pressentie par le jeune élève; son goût, ses dispositions particulières, tout concourait à pousser Alexis vers cette étude par elle-même si attrayante et qu'il poursuivit pendant près de dix ans.

Peu s'en fallut qu'il ne s'y adonnât tout-à-fait. M. Fabre, distinguant l'assiduité et les aptitudes de cet élève, lui prodigua ses soins et ses encouragements; à plusieurs reprises, il l'engagea à suivre comme lui la carrière des David, des Girodet.

« Je me destine à la médecine » répondait toujours le jeune apprenti.

« Carabin! répliqua un jour le maître impatienté de l'opiniâtreté de l'élève; — appliquer des cataplasmes! ordonner des médecines! — voilà bien de quoi vous enchanter! »

« S'il y des carabins, riposta vivement Alquié, il y a aussi des rapins; et, si le proverbe est vrai : gueux comme un peintre! — il n'y a rien là de bien engageant! »

Dès ce moment, l'enthousiaste directeur ne prodigua plus d'encouragements au jeune Alquié; il ne le conduisit plus dans ses appartements, ne lui préta plus les dessins de son ami Girodet, ne lui montra plus les richesses renfermées dans un énorme carton, et enfin ne daigna plus lui accorder quelques corrections à ses modestes copies. Dès ce moment aussi, les études médicales et les leçons particulières absorbèrent le temps consacré auparavant à la culture d'un art bien-aimé.

Du reste , disait quelquefois l'éminent Professeur : « je n'aurais pu être, comme peintre, qu'une médiocrité laborieuse ! » — Quoi qu'il en soit de ce pronostic rétrospectif, le Professeur put profiter de ses moyens comme dessinateur, et a su en faire profiter la science. La connaissance approfondie du dessin et de la peinture est infiniment utile au médecin opérant. L'illustre Professeur LORDAT n'a pas eu de peine à démontrer , dans son ouvrage sur l'Iconologie médicale, que cette connaissance sert non-seulement à l'étude de l'anatomie sur des planches dont on a plus ou moins besoin , soit pendant le temps de la scolarité , soit dans le cours de la pratique médicale, mais encore qu'elle est indispensable pour concevoir, exprimer, démontrer et faire comprendre une foule de détails en chirurgie. A cette habitude de pouvoir reproduire la nature avec le crayon ou le pinceau, le jeune ALQUIÉ dut, en grande partie, des relations avantageuses et prolongées avec ses Professeurs, au début de ses études médicales ; — plus tard, quand il devint Maître , il ne négligea aucune occasion de se servir de ses talents comme dessinateur, et lithographia lui-même toutes les planches qui se trouvent intercalées dans ses nombreux ouvrages.

Comme on vient de le voir, Alexis ALQUIÉ , malgré son goût pour les arts, ne se laissa point distraire du but qu'il s'était proposé : la Médecine. Il avait bien profité de tous les sacrifices que ses pauvres parents s'étaient imposés pour lui procurer de l'instruction. En 1832 , à 20 ans, le baccalauréat fut sa première couronne académique, et il en ambitionna bien d'autres. Les concours furent ses moyens de parvenir ; et vraiment, n'étaient-ce point, sinon les plus sûrs, au moins les plus nobles et les plus légitimes? D'ailleurs, toute sa vie, il en fut aussi ardent champion que lauréat distingué.

Dès 1834, à 22 ans, il entreprit cette série de brillants concours jusqu'en 1850.

Treize fois il affronta vaillamment ces solennelles épreuves dont huit seulement lui furent favorables ; et, s'il fut vaincu dans les cinq autres, ce ne fut jamais sans gloire. Élève de l'École pratique et aide-anatomiste, il arriva à l'internat en 1835, et fut, dans ce concours, classé 1er sur 9 compétiteurs. Dans cette même année, il remporta le premier prix de chirurgie, médaille d'argent et exemption de tous les droits académiques. Enfin, en 1838, Alexis ALQUIÉ se fit recevoir docteur en médecine.

Après de nombreuses années d'efforts laborieux, d'études les plus vastes et les plus sérieuses qu'il se peut pour aucune carrière, on se trouve possesseur d'un titre qui vous anoblit, mais dont les priviléges, si on veut en bénéficier, sont indiqués dans le serment que prête tout docteur de Montpellier : la fidélité aux lois de l'honneur et de la probité, le désintéressement, la discrétion, le respect et la reconnaissance. C'est devant cet engagement irrévocable pour les vrais hommes, que le jeune docteur se réveille, le lendemain d'un jour glorieux, en face d'une société où la plus grande part de la fortune et des honneurs semble n'être réservée qu'à l'homme qui pratique le contraire de ce qu'il s'est engagé à tenir toute sa vie. Quelquefois un modeste patrimoine permet au jeune docteur d'attendre une clientèle lucrative, ou de continuer des études scientifiques spéciales pour atteindre aux positions universi-

taires : heureux ceux, et c'est le petit nombre, qui vont
succéder à leur père dans la pratique d'un art qui, au
prix d'infirmités ou d'une vieillesse anticipées, leur a ménagé
une modeste clientèle. La chirurgie militaire offre encore
la ressource la plus noble, peut-être même la plus ra-
tionnelle, à ceux qui, dénués de tous moyens d'existence,
se sentent aptes à la vie militaire. Ah ! combien est grave,
pour ne pas dire dangereuse, la situation du jeune docteur
qui débute sans ressources ? Quels combats, quelles sup-
putations, quelles tentations le violentent avant de s'être
fixé un but digne de son titre ! Dans un temps où l'industrialisme domine toutes les situations, combien la probité
se trouve aux prises avec la nécessité ! Les mauvais
exemples ne manquent pas pour faire dévier des lois de la
conscience : l'un exploite indignement la religion, l'autre,
un drapeau politique ; celui-ci contracte des engagements
avec les combinaisons industrielles les plus audacieuses ;
celui-là affiche une spécialité équivoque ; beaucoup cultivent
le haut charlatanisme ; enfin quelques-uns, briguant de
puissants patronages, usent d'un dangereux savoir, par-
viennent à se rendre indispensables, et atteignent trop
souvent à des dignités qui les font les dispensateurs de
toutes les faveurs ; c'est bien heureux encore quand ils
ne font point commerce de la science elle-même.

Cette digression sera trouvée utile si nous rappelons
que les idées qu'elle renferme étaient justement celles du
Professeur ALQUIÉ, et dont il nous entretenait quelquefois. C'était bien parce qu'il s'était trouvé lui-même dans
ces conditions, notamment devant la nécessité la plus
dure, la plus impérieuse : d'avoir du pain ! qu'il bénissait

toujours la Providence de lui avoir inspiré assez d'énergie et de constance pour ne point faillir, non-seulement en face de si dures épreuves, mais encore devant les obstacles souvent les plus inhumains. Aussi montrait-il la sollicitude la plus vive à tous ceux qui, à quelle carrière qu'ils se destinaient, lui présentaient quelque analogie avec la situation pénible qu'il eut à subir dès ses premiers débuts dans la vie pratique. En revanche, combien il se montrait dur ou tout au moins amer pour le jeune mais trop indigne ambitieux qui, pour atteindre à un poste noblement couru par d'autres, ne craignait point d'employer et d'intéresser subrepticement à sa cause des collègues, dés supérieurs, des dignitaires de l'Université, de l'Église même, qui, par népotisme, esprit de coterie ou bonté surprise, prônaient, imposaient un parent, un Ardélion, un Tartufe! Trop souvent le succès favorisait l'intriguant qui s'élevait ainsi au détriment de méritants les plus sérieux; mais, par la suite, de quel clinquant que l'injuste parvenu cherchât à se parer, il n'en demeurait pas moins, aux yeux de l'intègre Professeur, un très-louche personnage.

D'ailleurs, ce n'est point précisément la biographie d'un éminent Professeur de la Faculté de Médecine de Montpellier que nous traçons ici; nous n'avons d'autre prétention que de remplir le programme que renferment nos premières pages : notre but est essentiellement utile et moral; la vie d'Alquié est un exemple, un modèle que nous offrons aux générations.

En effet, quoi de plus beau que de voir l'homme aux prises avec la misère, ce grand dissolvant, se conserver

entier et pur ! Quoi de plus beau de voir ce fils de prolétaire, encore inculte et illettré à l'âge de 12 ans, privé de
toute éducation première, se former, se développer lui-
même et prétendre de bonne heure à une carrière libérale
dont les abords sont si difficiles, si peu attrayants, et
dont les promesses sont si précaires !

Beau mérite que de parvenir lorsque, né d'une famille
dont le foyer au moins, si ce n'est la fortune et les tradi-
tions, est une garantie à la fois morale et sociale pour
le présent et l'avenir. Le fils de famille se laisse donner
une éducation qui prépare son caractère et ses aptitudes,
qui le porte insensiblement, pour peu qu'il y mette de la
bonne volonté, des bancs de l'École, aux places, aux
honneurs qu'il daigne préférer à un désœuvrement facile ;
et il aborde toutes les positions avec une prétention,
une assurance, souvent même une morgue soutenue avec
d'autant plus d'aisance, que, dès la plus tendre enfance,
il a été habitué par ses parents, toujours plus ou moins
satisfaits, à être considéré comme supérieur à ses semblables ! encore avec quel dédain ne regarde-t-il point la
sublime figure qui surgit tout à coup du milieu de la
foule, et qui ose faire valoir des droits avec des forces
inconnues aux privilégiés de ce monde !

Quelle différence entre ces deux hommes !

L'un est le produit des satisfactions sociales, et peut
quelquefois mériter la considération publique quand son
élévation n'a été préjudiciable à personne ; mais le plus
souvent il ne représente que la glorification d'une heureuse
médiocrité : ainsi qu'un beau fruit venu en serre-chaude,

on peut lui décerner les encouragements et même les premiers prix de culture sociale.

L'autre, ayant pris racine et vivant toujours dans un terrain naturel et ingrat, se développe majestueusement en dépit de toutes les intempéries : il est le grand chêne qui domine.

Comment le jeune Docteur Alquié se comporta-t-il dans l'arène?

Un peu plus d'esprit rassis, un peu moins de ce feu sacré qui entretient l'ambition et l'ennoblit, Alquié eût délibéré d'aller exercer la médecine dans un canton paisible, au fond de quelque campagne où le génie même peut trouver tous les aliments. Encore fallait-il, pour suffire strictement à ce simple projet, ce que l'on appelle vulgairement des avances : une somme d'argent. Le fils du fripier n'avait rien, et pouvait-il, pour emprunter cet argent, voiler un instant son âpre fierté, lui qui, trente ans plus tard, devenu Professeur éminent et Praticien recherché, ne réclamait jamais ses honoraires, même au riche oublieux et ingrat! D'ailleurs, il avait deux mères qu'il ne pouvait se résigner à quitter : celle qui lui avait donné le lait, et celle qui lui avait donné la science. Il aimait sa famille pauvre et quelquefois exigeante pour le nouveau Monsieur qui ne sut jamais rougir d'elle; il aimait l'École qu'illustraient des Maîtres fameux, honorés et cependant, disons-le, peu sympathiques au jeune et présomptueux adepte qui ne briguait point, mais qui forçait leur attention en méritant leurs suffrages.

Les besoins impérieux de la vie matérielle n'étaient

qu'un mobile tout-à-fait secondaire pour le jeune Alquié qu'incitaient bien d'autres exigences, et ce quelque chose que ne ressentent point toutes les intelligences : c'était la passion de démontrer aux autres ce qu'il savait et même ce qu'il apprenait encore. Le croirait-on ! à peine réussissait-il dans la classique académie, qu'il donnait des leçons de dessin ; bachelier ès-lettres, il enseignait à traduire Horace, démontrait les mathématiques, la physique, la chimie et la botanique ; successivement élève de l'École pratique, aide-anatomiste, chirurgien-interne, chef de clinique, chef des travaux anatomiques, il fit des cours d'anatomie, de physiologie, de pathologie médicale et chirurgicale. Tous ces cours, ayant particulièrement trait à l'anatomie, étaient d'autant plus fructueux qu'il les faisait autour du cadavre. Érudit, disert, même passionné, le jeune Alquié avait, surtout à ses leçons particulières, de nombreux auditeurs qui rétribuaient modestement leur démonstrateur. C'est ainsi que, tout en subvenant à lui-même et à sa famille, il acquérait, de jour en jour, plus d'habitude et plus de capacité pour l'enseignement. Bientôt il fut à même de pouvoir faire des thèses, car de tout temps il y a eu des étudiants qui, se méfiant peut-être un peu trop de leurs connaissances médico-littéraires, abordent le dernier acte probatoire du doctorat avec une thèse achetée ; et combien de jeunes lauréats de Faculté, dont les ressources matérielles ont pu être aussi précaires que celles du jeune Alquié, et ont dû, à cette espèce de fabrication, des moyens qui leur permettaient d'attendre des positions meilleures et plus lucratives ! Cet usage est-il répréhensible ?

Quelques esprits, très-sérieux d'ailleurs, se méprenant

sans doute, ou n'ayant pas subi eux-mêmes les étreintes de la misère qui est d'autant plus dure qu'elle s'impose au jeune homme instruit, ont pu considérer cet enseignement privé *(le seul vraiment libre)*, ces complaisances littéraires donnant un peu de pain , comme un trafic honteux qui, favorisant, par un dressage inhabile, la paresse des mauvais élèves, met à leur disposition les redites mercenaires des banalités scientifiques, et les secours d'une plume vénale que la science et le sentiment de la dignité professorale doivent flétrir ! — Oui, sans doute, il y a de mauvais élèves , comme il y a aussi de mauvais Professeurs ; mais beaucoup de ces mauvais élèves appartiennent à cette catégorie, parce que le temps, les circonstances, les moyens même, leur ont fait défaut pour acquérir des connaissances, suivre des cours, et se préparer, à leur aise, aux épreuves académiques qui, en définitive, comme le disait le respectable Professeur GOLFIN, font des docteurs et non des médecins. Le plus grand nombre de ces mauvais élèves finissent par atteindre ce noble et même but qu'indique l'enseignement officiel ; par acquérir, quelquefois très-promptement, toutes les qualités du médecin, soit dans les petites villes, soit dans les campagnes. N'est-il point avéré que tels, qui rencontrent mille difficultés à s'inculquer la science, la méthode, ont des aptitudes merveilleuses pour la pratique, et tels, qui ont été de fort mauvais élèves de Faculté, deviennent de forts bons praticiens ?

Ces cours particuliers, cet enseignement privé, *libre,* qui donnaient du pain à ALQUIÉ, étaient faits dans le même sens, avec les mêmes éléments, les mêmes méthodes que les cours publics qu'il faisait à la Faculté de médecine, à l'ancien amphithéâtre particulier du Professeur Estor ou à l'Hôtel-Dieu St-Éloi. C'est ainsi qu'il put satisfaire *honorablement* au double besoin de vivre et de s'instruire.

Ceux qui gagnent péniblement leur vie connaissent, dit-on, le prix de l'argent et ne le dissipent point ; ils sont au moins économes s'ils ne deviennent, pour nous servir d'une expression familière, serrés : donnant du sien avec regret. Certes, le jeune Alquié dut connaître le prix de l'argent ; mais il eut toujours les mains nobles et ne connut jamais la passion du vil métal ; il versait religieusement tout ce qu'il gagnait entre les mains de sa bonne et digne mère qui avait à ménager ce précieux pécule pour faire subsister toute la famille et pour achever l'éducation de son second fils (1). Alors qu'il fut reçu Docteur en médecine, son temps d'internat fini, il ne pouvait plus prétendre à la frugale pension de l'Hôpital ; il dut se retrancher dans les seules ressources de l'enseignement privé et de la composition des thèses ; d'ailleurs, aussi sobre que studieux, aussi énergique de tempérament que de cœur, il sut s'affranchir des passions vulgaires qui, malheureusement, tentent toujours un peu l'étudiant en médecine. Les joyeuses libations, les gaies chansons, les classiques noces que tout jeune adepte d'Esculape a plus ou moins

---

(1) Constant Alquié, devenu Chirurgien militaire, aujourd'hui Médecin civil, Chevalier de la Légion d'Honneur, à Mostaganem (Afrique).

cultivées, restèrent inconnues ou indifférentes aux mœurs simples, graves et un peu poétiques d'ALQUIÉ.

La sobriété, la chasteté, deux qualités vraiment éminentes qui n'appartiennent qu'aux âmes d'élite, et que la religion et la science s'accordent à ériger en vertus, sont des leviers puissants pour quiconque appartient, à quel titre que ce soit, à la phalange des THOMAS D'AQUIN, des BOSSUET, des NEWTON ou des PASCAL. Un esprit supérieur, DESCURRET, attribue aux médecins le vice d'incontinence : c'est qu'en effet la profession médicale expose à ce vice ; il n'y a que plus de mérite à le vaincre. ALQUIÉ était d'un physique avantageux ; toutes ses aptitudes étaient puissantes, mais le moral et l'intellect dominèrent toujours sa forte organisation ; toutes ses forces passionnelles furent consacrées à la science. Les rares instants que sa santé l'obligeait à dérober au travail, il les passait en pleins champs : là il s'épanouissait, il respirait, il ouvrait son âme, si souvent oppressée, aux mystérieuses et bienfaisantes haleines de la nature ; il revoyait, avec un attendrissement et un attrait toujours nouveaux, les sentiers, les haies, les prés, les futaies que, dans son jeune âge, il avait fréquentés avec une si abondante insouciance. Le lendemain de chaque lutte, de chaque œuvre, de chaque épreuve un peu importante et terminée le plus souvent avec succès, les bois de Lavalette, les prés d'Arènes, la Piscine ou tant d'autres charmantes et agréables propriétés de nos environs, étaient la récompense intime du jeune savant. Qui aurait reconnu, dans ce front élevé, poli par les veilles et l'étude, dans ces grands yeux pleins de méditations et de vastes conceptions, et dans ce maintien à la fois grave et doux, l'intrépide et joyeux petit vagabond d'autrefois !.....

Pendant que le Docteur ALQUIÉ se livrait avec ardeur aux divers exercices de l'enseignement, la noble ambition lui faisait entreprendre des travaux et affronter des luttes bien dignes de sa valeur. L'année même de son Doctorat, il concourt pour le poste de chef des travaux anatomiques. Un échec l'attendait à ce début important ; il ne fut pas nommé, mais il put toujours se représenter cette circonstance comme honorable pour lui. Loin de se décourager, il concourt, l'année d'après (1839), pour l'Agrégation (section de chirurgie) : il fut élu 1er sur 5 compétiteurs.

Le concours en chirurgie, n'en déplaise aux médecins, est, sans contredit, le plus fort et le plus brillant de tous les concours : c'est celui qui exige réellement le plus de savoir et de connaissances précises ou, pour parler suivant la mode, positives ; car nous sommes loin maintenant de l'Hôtel St-Côme. En effet, la métaphysique condamnée en pleine Chambre des Pairs, bafouée officiellement aujourd'hui même dans son sanctuaire, fait presque vergogne au médecin à qui le savant a tout arraché, sauf quelques lambeaux d'hygiène privée. L'hystologisme, conséquemment le néologisme, tout ce qui facilite la spéculation intellectuelle au point de vue organique, tout ce qui réagit contre l'Hypothèse, la Généralisation, l'Essentialité, séduisent et entraînent en promettant le progrès. La chirurgie est encore tolérée, avouée, reçue parmi les savants, précisément à cause de ces apparences de certitude, de spécialisme et d'aptitude presque individuelle. Broussais dut encore beaucoup crier pour se faire accepter comme savant ! — Depuis lui, comme aucun médecin n'a fait autant de bruit, on n'a plus entendu parler que des chirurgiens. Tout au plus si quelques médecins marquants ont mérité le titre d'artistes. A Montpellier, cela n'eut jamais d'inconvénients, car ses grands chirurgiens sont tous médecins, sans en excepter LALLEMAND dont les excentricités semblaient quelquefois calculées. DELPECH, par son individualité transcendante, contribua beaucoup à propager, dans notre École dont il glorifiait l'esprit doctrinal, ce goût de la médecine opérante; il personnifiait, à son époque, cette influence caractéristique des mœurs et de la vie politique du siècle sur les arts et les sciences, particulièrement sur la médecine.

Un jour que ce célèbre Professeur allait extirper une tumeur du sein à une femme cancéreuse, on aurait pu voir se glisser furtivement, dans l'amphithéâtre, un jeune et pauvre imberbe, au regard à la fois timide et ardent; d'abord perdu au milieu de nombreux et empressés spectateurs, il parvint, à force de vouloir voir, à approcher du lit d'opérations, et insensiblement se trouva aux premières places pour assister à un spectacle tout nouveau pour lui : le spectacle de la douleur traumatique. L'opération commence; des incisions faites si merveilleusement permettent à peine d'entrevoir l'instrument tranchant; mais incontinent du sang jaillit! — La soudaineté de l'éclair et de la foudre n'aurait pas plus fortement commotionné le nouveau spectateur quand il sentit sur sa figure ces gouttes chaudes, encore vivantes ! — Sa pâleur devint telle qu'elle frappa les assistants; il s'en aperçut bien vite, ce timide jeune homme ! — Mais plus on est timide, plus on a de l'amour-propre; — alors ces regards, au lieu de le troubler.

le raniment, et il reporte les siens sur la plaie déjà large ,
béante et bouillonnant de sang. Oh surprise ! des éponges,
— des érignes , — des fils , — des ténaculums, — et la
plaie ne saigne plus ! — L'énucléation se continue ; tout
à coup un cri déchirant perce le silence ! — La douleur,
jusque-là comprimée, triomphe enfin de la résignation de
la patiente ; — le jeune étudiant est de nouveau saisi
de défaillance, et chaque cri qui se répète retentit dans
sa poitrine ; — le sang coule encore et cette fois-ci en
bavant ; les chairs , les linges , les mains , tout est rouge !
— Alors il n'y tient plus ; ses yeux s'obscurcissent ; son
front est serré ; son visage s'inonde de sueur froide ; ses
jambes fléchissent ; il va cheoir ; — mais, encore une fois,
il est remarqué, et même quelques sourires mal déguisés
lui fouettent la figure ; — aussi réagit-il de nouveau ; il
regarde l'opérateur comme pour demander ce que l'on fait.
— L'impassibilité du chirurgien n'est jamais plus admirable
qu'en de pareils moments, car elle s'impose à tous, au
patient lui-même.

L'opération se termine en un clin d'œil ; un appareil
dérobe sang et plaie ; la douleur s'est éteinte, et la patiente,
bien pâle , bien émue, a quelque chose dans les yeux qui
réflète tant d'espérances, que tout est oublié pour le moment. Notre jeune et timide curieux est encore bien ému
lui aussi ; mais il entend parler DELPECH qui, ce jour-là,
traite un sujet tout médical : le choléra ; ce fut une leçon
mémorable, qui était, d'ailleurs, de circonstance en 1832.
Il écoute avec avidité, et le peu qu'il comprend, néanmoins, le pénètre ; ses yeux dévorent de curiosité et
d'admiration le grand Chirurgien ; son âme éprouve une

chaleur inconnue ; le sentiment de son infinie petitesse, à côté de cette grande figure, lui inspire l'enthousiasme et la vénération la plus profonde. En ce moment, si quelqu'un lui eût dit tout bas à l'oreille : « ALQUIÉ, tu seras un jour » assis à la même place que le grand DELPECH ! » le jeune Alexis aurait bien regardé son interlocuteur, pour s'assurer que c'était un fou ou un gnome.

Ceux qui ont connu l'exquise impressionnabilité d'AL-QUIÉ comprendront que cette première visite à l'hôpital, cette première épreuve de sa sensibilité, et surtout cette première audition des leçons d'un Maître à jamais célèbre, aient eu une influence décisive sur le caractère du jeune étudiant qui, la veille encore, sondait son avenir ; et que, dès ce jour, il reçut le germe qui devait si promptement fructifier, car sept ans sont à peine écoulés, qu'il remporte, par un brillant concours, le titre de Professeur-Agrégé dans la section de *chirurgie*. Encouragé par ce succès, il n'hésite pas, cette année même, à concourir pour la chaire de *pathologie externe :* il ne fut pas élu ; néanmoins il dut pouvoir se louer de la manière dont il subit toutes les épreuves ; son échec lui fut d'autant moins sensible qu'il éprouva la joie de voir décerner la palme de ce beau concours à un émule qu'il chérissait alors, et pour lequel il conserva toute sa vie une admiration sincère et d'autant plus juste qu'elle est universellement partagée.

L'année suivante, il apprend qu'une place de Chirurgien-Major à l'hôpital de Lyon est mise au concours. — Riche d'espérances et de tout ce qu'il avait acquis pour soutenir ses deux dernières luttes, il part, seul, sans recommandation, et dispute vaillamment ce poste qui, de tout temps, à été noblement envié par une foule de jeunes hommes d'avenir. Sur sept compétiteurs qui soutinrent la lutte, Alquié fut classé le deuxième à l'unanimité, ainsi que l'atteste une lettre écrite par l'un des juges au Professeur Dubrueil.

Pour la première fois de sa vie, Alquié avait quitté Montpellier ; il était venu dans une ville réputée, avec raison, comme étant la seconde capitale de la France ; aussi le jeune homme de 28 ans fut-il séduit par la grande cité. Depuis le discours sur l'Institution du Médecin suivant Hippocrate, prononcé, en 1821, par M. de la Prade, alors Professeur de clinique, l'École de Médecine de Lyon est sérieusement instituée ; son enseignement comprenait toutes les branches de la science, et elle peut s'énorgueillir de l'importance qu'elle a rapidement acquise. Tout conspire, d'ailleurs, pour la faire progresser : sa situation au centre de la France, ses immenses hôpitaux, ses vastes amphithéâtres alimentés par la plaie toujours vive du paupérisme inséparable d'une grande cité industrielle ; chaque place de ce foyer scientifique, toujours obtenue par le concours, donne généralement des maîtres, des médecins illustres, et attire des élèves assidus. En arrivant dans cette belle colonie médicale, Alquié trouva de suite de bons appréciateurs qui cherchèrent à le garder ; lui n'opposa que fort peu de résistance aux promesses de tout genre qui lui furent faites ; tous s'accordaient à lui présager un succès éclatant dans une seconde et peut-être très-prochaine occasion.

A Montpellier, Alquié avait vécu, grandi dans le sein de l'antique Faculté ; il s'y était nourri des fruits de cet esprit philosophique qui distingue le plus souvent les hommes sérieux, savants, condamnés à la vie modeste de province, et qui leur procure quelques suaves compensations aux honneurs et aux avantages matériels qu'ils auraient pu obtenir dans les grands centres; mais le pauvre Agrégé n'était pas encore d'âge à accepter d'emblée cette philosophie, en pratique au moins; sa position ne lui permettait pas d'attendre les caprices de la fortune; d'ailleurs, son esprit bouillant, passionné, avide de voir, de connaître, d'apprendre sans cesse, ne lui laissèrent pas long-temps éprouver les regrets du pays; enfin une considération d'un ordre supérieur le retint à Lyon.

Ces avantages scientifiques de la grande ville, tout en séduisant ALQUIÉ, lui indiquèrent, eux-mêmes, les desiderata, le côté faible d'un enseignement essentiellement pratique auquel ses connaissances particulières dans les doctrines de Montpellier lui firent concevoir la possibilité d'apporter individuellement une sorte de renfort, de complément qui pouvait ajouter encore au lustre de cette École.

Sa présomption était d'autant plus raisonnable qu'elle lui était inspirée chaque jour par les Professeurs et les élèves qui l'avaient accueilli avec bienveillance et sympathie, grâce à la belle recommandation de son concours. A chaque instant, il s'entendait dire : que fait-on à Montpellier ? — Y a-t-il toujours des philosophes ? — Votre doctrine médicale est-elle toujours une espèce de franc-maçonnerie ? — Vous êtes sans doute un des lévites les plus initiés ? — etc. — Autant de propos extraordinaires, pour ne pas dire extravagants, que des médecins sérieux tiennent encore de nos jours, ce qui dénote non-seulement l'ignorance, mais encore une sorte d'appréhension ridicule touchant le Vitalisme de Montpellier. Ce n'est pas que cette doctrine fût complétement ignorée à Lyon ; mais les quelques médecins qui la connaissaient ne l'appliquaient qu'implicitement à la pratique médicale ; ils n'en avaient, d'ailleurs, acquis les notions qu'indirectement ou personnellement, et ne les tenaient point d'un enseignement spécial. Il faut excepter aussi ceux qui étaient venus, à Montpellier, prendre leur titre de docteur. Enfin aucun d'eux ne personnifiait véritablement la dialectique vitaliste.

Le système universitaire qui nous régit depuis longtemps favorise et vulgarise singulièrement les études de détails, autrement dit les choses de la science qui peuvent trouver le plus d'application dans la vie sociale, ou qui peuvent procurer une carrière. La philosophie n'exige qu'une année d'études : cela est très-suffisant pour un bachelier qui se destine au commerce, aux arts ou à l'industrie ; mais le temps ainsi que l'âge que l'on consacre à cette seule année d'études en philosophie est bien loin de suffire au médecin. C'est cependant avec cette insuffisance que les élèves en médecine abordent l'étude de l'homme, et incontinent ils apprennent la physique, la botanique, la chimie, l'anatomie, la physiologie, la pathologie, l'hygiène et la thérapeutique ; ils deviennent très-savants dans toutes ces choses dont les détails sont aujourd'hui d'une immensité telle qu'ils absorbent tous les soins intellectuels ; d'ailleurs, ne sont-ils point séduits par les mille moyens physiques qui facilitent leurs investigations ? Ce n'est souvent que plus tard, pour ne pas dire jamais, qu'ils s'aperçoivent qu'il y a un autre moyen, d'un ordre tout-à-fait supérieur, en dehors du domaine sensoriel, et qui est le plus capable de faire étudier l'homme. Ce moyen a été naturalisé par Hippocrate, Platon, Aristote; méthodiquement présenté par Bacon, Descartes; dogmatisé par Stahl; rigoureusement reconstitué par Barthez; ingénieusement développé, de nos jours, par Lordat, et logiquement enseigné par Jaumes.

Enseigner le Vitalisme à Lyon, en promulguer la doctrine, détruire les idées ridicules d'initiation, de pédantisme dogmatique dont on l'accusait, en démontrer l'essence théorique et les nécessités pratiques, telle fut la noble mission que se crut appelé à remplir le jeune Agrégé de la Faculté de Montpellier.

Il se mit courageusement à l'œuvre : tout en continuant ses études favorites, la clinique chirurgicale, l'anatomie pathologique, dont les richesses étaient si abondantes autour de lui, il institua de petites conférences particulières qui étaient assidûment suivies. Il commençait à voir ses projets se réaliser; l'avenir semblait sourire à ses labeurs; vivant pauvrement toujours, il suffisait comme il pouvait à ses besoins matériels; il philosophait en tous points; il attendait l'heure du succès; il était presque heureux!.....
Un soir, la porte de sa modeste chambre s'ouvre;... il ne fut pas peu surpris de voir entrer son père et sa mère!... Ceux-ci, après quelques mois d'attente, et voyant leur fils décidé à rester à Lyon, avaient réalisé leur maigre fonds de friperie, et, munis de quelque commission de vins du Midi, étaient venus, sans le prévenir, surprendre leur enfant qu'ils s'imaginaient trouver sur le chemin de la fortune.

Le philosophe reçut ses parents avec attendrissement, mais non sans éprouver des alarmes en face de la nouvelle charge qu'il allait subir , alarmes qui ne devaient que trop se réaliser.

La misère, — oui la fatale misère ne devait point encore lâcher sa noble proie : le père et la mère ALQUIÉ s'étaient établis marchands de vin dans un des immenses faubourgs qui longent le Rhône, et y avaient loué de grands magasins et des caves qu'ils emplirent de leurs commissions ; un instant ils entrevirent, eux aussi , le sourire de la fortune ; ce ne fut qu'un éclair ! tout fut renversé, noyé en une seule nuit ! L'inondation de 1840 les ruina complétement..... Le coup fut terrible ; il fallut tout vendre — jusqu'au dernier habit ! — jusqu'aux derniers livres !... pour pouvoir quitter Lyon *sans dettes* (car ces pauvres gens-là étaient affectés de probité), et revenir à Montpellier pour trouver plus facilement du pain !.....

Ce retour à Montpellier fut bien triste : déçu soudainement de belles espérances, dénué absolument de tout, même d'un asile, ayant toute sa famille sur les bras, l'infortuné ALQUIÉ eut à subir de terribles angoisses. Le malheur humilie, il rend susceptible et soupçonneux. Après trois ou quatre mois d'absence, il lui semblait, au retour, que tout était changé, que l'on ne le reconnaissait plus, que ses anciens condisciples, ses camarades, ses collègues, ses amis le recevaient froidement..... En effet, quelques-uns furent vraiment dédaigneux. Et cependant ALQUIÉ était arrivé à cet âge où tout sourit, où tout est beau, tout est bon ; hier encore, il le croyait ; aujourd'hui, tout est amer et sombre ; car il avait aussi l'âge

des convictions naissantes , l'âge où la raison et le sentiment interrogent les institutions sociales ; et certes, l'esprit de comparaison, les sentiments douloureux lui étaient
fatalement imposés ; aussi ceux qui ont pu lui reprocher
d'avoir, en certains temps, conçu des idées de révolte
contre l'ordre social, auront sans doute l'indulgence de se
rappeler dans quelles dures conditions se fit son éducation ;
à quelles épreuves, à quelles extrémités fut souvent ré-
duite cette âme fière, qui se sentait supérieure, et que
la lutte pouvait quelquefois fatiguer, mais jamais abattre.

ALQUIÉ affronta bravement la lutte avec le destin !
Pendant des mois, des années, il se livra à un travail
opiniâtre, et y excéda ses forces ; dans une pauvre cham-
brette, à peine éclairée le jour, il passait les nuits à lire,
à composer et à préparer des cours particuliers sur les
principales branches de la médecine, cours particuliers
qu'il fit, pendant quatre ans, avec l'autorisation du Ministre
de l'Instruction publique. Pour se réconforter, il n'eut
souvent que du pain fort sec et de l'eau ; pour ne point
céder au sommeil, il mettait ses pieds dans de l'eau sina-
pisée. L'opiniâtreté la plus intelligente se familiarise vite
avec les privations et les tortures !

Mais détournons nos regards de cette triste période, et,
pour nous consoler, reportons-les sur les fruits et les lau-
riers qu'elle a produits.

Dès 1834, ALQUIÉ avait publié une série de travaux,
et il ne se passait pas d'années qu'il ne produisit quelque
chose de nouveau. En 1841, malgré les préoccupations
de la misère, il publia un *Mémoire d'anatomie pathologique sur les altérations du système osseux*, et un *Mé-*

moire *sur la ligature des principales artères, où est pro-
posée une nouvelle méthode opératoire.* En 1842, il fait
les *Analyses du mémoire du Professeur* DUBREUIL *sur les
anévrysmes de l'aorte descendante,* et de l'ouvrage du Professeur SERRE *sur l'art de restaurer les difformités de la
face.* C'est en 1843 qu'il publia sa première œuvre majeure, celle qui caractérise sa vie scientifique et professorale : *le Précis de la Doctrine médicale de Montpellier.*

Cet ouvrage de longue haleine, fruit de grandes méditations, de recherches savantes, de critiques profondes,
d'études transcendantes, est un résumé des principes fon-
domentaux de l'École de Montpellier. L'auteur y fait
l'histoire du Vitalisme ; en ayant soin de faire ressortir
les grands caractères qui ont illustré la vieille et impé-
rissable doctrine, il en expose l'esprit, les méthodes, et,
pour en rendre la signification plus précise, il décrit en
entier une pathologie et une thérapeutique générales, où
se trouvent exposées les théories les plus sûres pour
guider le médecin-praticien. Ce livre est le dernier de ce
genre qui contienne la doctrine pure de notre École, ex-
posée avec les développements et les critiques con-
formes aux progrès de la science depuis BARTHEZ ; ce qui
ne laisse point à dire qu'il n'y ait plus rien à faire de
mieux ou de plus. Le Professeur ALQUIÉ ne l'ignorait
point lui-même ; il pensait, comme l'illustre LORDAT, que
la science fait chaque jour des acquisitions qui peuvent
être sérieusement mises à profit ; que le vrai caractère de
grandeur du Vitalisme est d'adapter le plus grand nombre
de faits possibles ; en un mot, cette doctrine est immuable,
mais non pas immobile ; *son attachement aux vérités an-*

ciennes n'est pas de la répugnance pour les vérités futures.
Un livre nouveau, sur les doctrines médicales de Montpellier, écrit avec les nouveaux éléments acquis à la
science, serait sans doute bien accueilli. Les notes nombreuses que le Professeur a laissées à ce sujet prouve-
raient qu'il ménageait cette intention à ses vieux ans; cet
ouvrage, qui aurait enregistré les vérités nouvelles, s'il y
en a réellement, aurait eu surtout pour but de relever les
œuvres de BARTHEZ des attaques indécentes et puériles
dont elles ont été l'objet au sein même de la Faculté.
D'ailleurs, le livre de la Science de l'homme répond de
lui-même : — aux invectives toujours impuissantes de gens
qui ne croient point : au principe vital, parce qu'ils en usent
mal ; — à l'âme, parce qu'ils ne la sentent pas ; — à
l'immortalité, parce qu'ils en sont indignes ; leur nom
sera depuis long-temps effacé quand celui de BARTHEZ
rayonnera toujours et partout du plus vif éclat.

Quoi qu'il en soit, le livre d'ALQUIÉ, sur la Doctrine
médicale de Montpellier, a prouvé son utilité et sa valeur
en atteignant rapidement sa 4me édition ; il sera toujours
une grande ressource pour les jeunes docteurs et les élèves
qui n'ont pas pu recevoir l'éducation médicale de notre
École, ou qui voudraient s'assurer que le Vitalisme de
Montpellier n'est point un ensemble de théories nébu-
leuses.

Ce livre dut surprendre quelque peu de la part d'un homme
adonné à la chirurgie, et qui, dans le moment même où
il en corrigeait les épreuves, faisait de nombreuses expé-
riences tant sur le cadavre que sur les animaux, et écrivait
ses *Recherches expérimentales sur la formation du cal*

(1844). Ces recherches, coordonnées avec l'observation clinique et des études anatomo-pathologiques, avaient pour but de fixer le nombre de jours nécessaires à la formation du cal chez l'enfant, l'adulte et le vieillard, et, comme conséquence pratique, de fixer rigoureusement le temps nécessaire au maintien des appareils de contention.

Presqu'en même temps il envoyait à l'Académie de médecine de Paris, deux Mémoires: le premier, *sur une nouvelle méthode opératoire de traiter les divers déplacements de la matrice;* le deuxième, *sur les abcès multiples.* Ce dernier, auquel l'Académie décerna une médaille d'or, est un volume de 400 pages contenant des recherches cliniques faites tant à Lyon qu'à Montpellier, et où il traite de la question toujours pendante de la diathèse purulente, avec beaucoup d'érudition et d'autorité.

Mais l'œuvre vraiment transcendante d'ALQUIÉ, celle qui, on peut le dire, est passée un peu inaperçue, et qui, nous ne craignons pas de le prédire, est destinée à être le plus utilisée, est celle qui a pour titre : *Études cliniques et anatomo-pathologiques des phénomènes de l'encéphale;* 1 vol. in-8°, en partie publié (1844). C'est une œuvre digne des inspirations de LALLEMAND, et, de plus, présentant toute l'originalité de son auteur. Ainsi que l'atteste une énorme quantité de notes et d'observations manuscrites, l'auteur, après s'être livré à des recherches minutieuses considérables, dans tous les ouvrages qui ont trait à la matière, les a colligées, comparées à ses propres observations faites au lit du malade, ses nécropsies, etc., et en a déduit des conclusions fort remarquables sur les principaux phénomènes de l'encéphale, tels que : l'intelligence, le délire, le coma, la faculté de la parole, la motilité, la sensibilité, les fonctions sensoriales, enfin celles des organes génitaux. Dans ces recherches, l'auteur croit fermement voir la solution du grand problème agité de nos jours. Ce sont, d'ailleurs, des études propres à éclairer le praticien sur l'emploi des moyens thérapeutiques.

Cet ouvrage a cependant un grand défaut : celui de ne pas être suffisamment développé et complet. Le peu que nous en avons démontre aussi, ce qui est très-remarquable, qu'ALQUIÉ, malgré ses recherches cadavériques et ses expérimentations toutes organiques si multipliées, a su éviter le danger que courent généralement les médecins qui se livrent à des études de ce genre; non-seulement il ne tourne point à l'organicisme, mais pas même à l'éclectisme; son Vitalisme reste pur, et, de plus, ses tendances à allier les conceptions chirurgicales à l'esprit médical dominent sans cesse ses œuvres comme sa pratique et son enseignement.

Comme on le voit, cette triste période de quatre années, pendant lesquelles le fils du prolétaire réglait ses plus gros comptes avec la misère, fut riche et féconde. Il ne travaillait pas seulement pour subvenir aux nécessités matérielles les plus impérieuses : son âme, loin de se déprimer par les épreuves, aspirait à la gloire.

L'année 1845 le trouvait armé de pied en cap pour les concours : une deuxième fois il se présente à la place de Chef des travaux anatomiques. Plus heureux qu'en 1838, ALQUIÉ fut classé 1er, à l'unanimité, sur six compétiteurs tous Agrégés. S'il fut fier de ce succès, il ne fut que plus satisfait, cette année même, d'obtenir la suppléance du cours de pathologie externe à la Faculté.

Le vent paraissait donc être aux succès! Aussi, l'année suivante (1846), il aborde, avec une pleine confiance, une deuxième fois encore, le concours pour la chaire de pathologie externe.

Mais la fortune ne s'était point encore décidée à le gâter. — Des circonstances exceptionnelles vinrent fatalement se mettre à la traverse d'un succès légitime. Nous avons sous les yeux de curieux documents, de cette époque, qui mentionnent tous les détails de cette lutte, dont le triomphe était convenu d'avance, et ne pouvait être décerné différemment sans compromettre gravement la dignité professorale. Nous portons trop d'estime et de respect aux différents personnages qui se trouvèrent engagés dans cet acte universitaire, soit comme juges, soit comme compétiteurs, pour en rappeler les divers incidents; qu'il suffise, au sujet qui nous occupe, de reproduire une adresse que les étudiants en médecine, de ce temps-là, portèrent en masse chez le jeune et aimé Professeur-Agrégé qui venait d'être la plus honorable victime des combinaisons presque forcées de circonstances insolites.

« MONSIEUR,

» Il est, dans la vie, des épreuves bien rudes, des malheurs bien inexplicables. Partout où a pénétré le népotisme, il y a eu toujours là des malheurs.....; là, toujours, le vrai mérite a été sacrifié...... Vous en êtes une grande preuve: une injuste décision vient de vous frapper. Les étudiants de cette École viennent aujourd'hui vous présenter leurs regrets bien sincères.

Si, dans ce jour, vos talents n'ont pas eu leur juste récompense, cette unanimité de sentiments, bien plus éloquente que nos paroles , sera appréciée par votre cœur (1).

» Depuis votre début dans la difficile carrière des sciences médicales , les étudiants vous ont suivi. Mais c'est surtout l'an dernier que se sont montrés tous les talents qui font le Professeur distingué, le Praticien habile ; vous nous démontrâtes les plus hautes questions ; partout vous les abordâtes avec assurance et confiance...... Vous sembliez n'être à votre aise que dans la haute philosophie chirurgicale.

» Dans votre concours, même érudition , même profondeur de vues, même jugement vif et étendu. Nous vous y avons vu brillant sans fard, toujours élevé mais modeste, toujours simple mais philosophe. Tous ces titres n'ont pu vous faire obtenir cette chaire que vous aviez si dignement remplie. Notre assiduité à vos leçons, cette réunion d'aujourd'hui vous disent assez où vous appelaient nos vœux...... Vous avez été malheureux...... A vous notre estime ! à vous nos sympathies ! »

Cette démarche fut extrêmement sensible à ALQUIÉ ; il aimait à la rappeler ; il assurait qu'elle fut pour lui d'un grand honneur, et que l'amertume de sa douleur en fut singulièrement adoucie.

De ce grand naufrage, il reste encore aujourd'hui une épave précieuse : c'est sa Thèse de concours ; sous ce titre: *Apprécier les travaux de l'Académie de chirurgie,* ALQUIÉ

---

(1) Cette première partie de l'allocution des étudiants se trouve reproduite dans le N° *10*, 15 Janvier 1846 (6me année), de la *Gazette médicale de Montpellier,* dirigée avec un talent remarquable, et surtout avec une courageuse indépendance, par M. le Docteur CHRESTIEN, Professeur-Agrégé. A cet égard , il est bon de rappeler que c'est grâce à l'initiative et à la persévérance de ce publiciste distingué, que les Agrégés de médecine doivent l'avantage assez appréciable d'avoir aujourd'hui un traitement annuel de 1,800 francs, au lieu de 600 francs.

fait l'historique de la chirurgie, en décrit les origines, les vicissitudes obscures, les péripéties doctrinales, et enfin la splendeur qu'elle dut à la formation de l'Académie de chirurgie, ce centre commun de la science chirurgicale de toutes les époques et de tous les pays, cette tribune, ordinairement indépendante, qui juge tous les problèmes importants, qui imprime aux études scientifiques l'esprit tout pratique de la clinique, et enfin qui décerne ces récompenses si ardemment recherchées, qui encouragent et fécondent l'émulation et le progrès.

Cette Thèse, véritable chef-d'œuvre d'érudition et de critique élevée, a conquis sa place à côté de celles que QUESNAY, SCULTET, HEISTER, SHARP, THEDEN, RICHERAND et ESTOR ont écrites sur l'histoire de la chirurgie.

ALQUIÉ rechercha plus que jamais des consolations dans le travail ; deux ans durant, il s'y livre avec une ardeur qu'une audacieuse tentative, silencieusement préméditée, devait bientôt justifier. Tout à coup il quitte Montpellier, arrive à Paris et se fait inscrire sur la liste du concours pour la chaire de clinique chirurgicale, à côté de LAUGIER, MALGAIGNE, VIDAL DE CASSIS, MAISONNEUVE, P. BOYER, Alph. ROBERT, MICHON, CHASSAIGNAC et SANSON, tous hommes qui avaient déjà leur place marquée dans la science.

Seul, sans appui, il était venu, dans la Capitale, en noble gascon, comme dirait un franc-normand devenu parisien. Il n'avait aucune espèce de recommandation auprès de la gent puissante qui tient les clefs de la science et des faveurs universitaires. On rit un peu de ses allures et de ses prétentions que l'on qualifiait officieusement ; son isolement faisait pitié à quelques-uns que son courage intéressait et qui flairaient les formes, les saillies de ce singulier athlète dont le nom n'était pas cependant tout-à-fait inconnu dans la très-fière Université.

Sur certaines gens, même savants, l'habit, le chapeau et le langage ont une puissance magique. La mode et la parole ont toutes deux leur idiôme et leur accent. Que de gens, parce qu'ils parlent parisien ou seulement *pointu* et qui s'habillent bien, sont jugés considérables et très-forts! Le gaulois qui, à Paris, parle gascon et porte des habits confectionnés en province, passe réellement pour un inférieur. ALQUIÉ était trop intelligent, trop sensitif, pour ignorer toutes ces choses et pour ne pas en pressentir toutes les conséquences ; mais que pouvait-il y faire ! — Il en souriait tout le premier !..... Voilà que ce sourire fut pris pour de l'ingénuité ; aussi ces bonnes gens de la Faculté de Paris comptaient bien se gausser des faits et gestes de l'Agrégé de Montpellier. ALQUIÉ ne se déconcerta point ; fort, au contraire, de cet isolement et de sa hardiesse, il s'avisa de demander audience à un des hommes des plus haut placés de l'époque et qui portait un nom devenu glorieux et populaire. Le grand homme reçut le petit Agrégé avec cette bienveillance que tous les solliciteurs lui connaissaient ; mais dès qu'ALQUIÉ se fut nommé et eut exposé les motifs de sa présence à Paris, la physionomie du grand prince de la science changea d'expression. Le courageux provincial eut beau invoquer son titre de compatriote et exposer simplement : « que, n'ayant personne pour le soutenir dans une lutte où chaque champion avait des patrons, il venait, avec confiance, se mettre sous l'égide puissante d'un

homme dont la renommée, le génie, assuraient une protection toute paternelle aux nobles efforts du travail ! »
Rien ne put fléchir le tout-puissant….; des paroles froides,
dures même, retentirent gravement aux oreilles du solli-
citeur fourvoyé et consterné que les mots de prétentieux,
d'audacieux, de premier venu, poussèrent vers la porte. —
ALQUIÉ ne tarda pas à recevoir l'explication de cette amère
déception, et apprit ainsi que le népotisme est le défaut
des grandes âmes aussi bien que des petites.

Quelques jours plus tard, l'Agrégé de Montpellier se
trouvait en pleine lice de concours ; et, préalablement,
ayant exprimé le vœu de ne paraître pas trop indigne de
cette École, il lisait sa composition. — Un peu d'émotion,
bien naturelle, ressentie au milieu de cet aréopage de la su-
perbe Faculté de Paris, fut tout à coup distraite, pendant
quelques secondes à peine d'un silence majestueux, par
un cri lointain…. étrange…. vieux habits ! vieux galons !
— Oh ! souvenir d'enfance providentiellement envoyé au
pauvre enfant du peuple, au milieu d'une épreuve solen-
nelle !…… Son être entier vibra à cette misérable note
des rumeurs de la rue ; — à cette heure, le fils du fripier
ressentit une immense fierté de se trouver venu tout seul,
sans appui, dans la Babylone moderne, et portant dignement la parole devant toutes ces hautes célébrités médicales
chamarrées de titres et de décorations !... Sa voix devint
alors assurée, imposante ; sa lecture se soutint et s'acheva
avec un entraînement que l'on mit sur le compte de cette
chaleur toute méridionale à laquelle on n'était pas habitué,
et les bravos, les applaudissements enthousiastes de l'immense auditoire, acclamèrent l'humble fils de ses œuvres.

Cet entrain, cette chaleur, cet enthousiasme qui distinguèrent l'Agrégé de Montpellier, persistèrent jusqu'à la fin des épreuves du concours. Le gain de cette grande bataille, d'ailleurs noblement disputé par tous, n'échut point à Alquié; néanmoins, il put se flatter que sa défaite fut triomphale. Les journaux de Paris montrèrent, à cette occasion, la plus honorable impartialité. Qu'il nous soit permis de retracer un article qui nous paraît avoir le mieux interprété les situations.

Union Médicale. — *Feuilleton du 4 Janvier 1848.* — « *La* » Faculté poursuit paisiblement les épreuves de concours actuellement en train pour une chaire de Clinique externe. Ce » concours est très-suivi sans exciter néanmoins de vifs enthousiasmes. Est-ce exigence de l'auditoire ou faiblesse des » épreuves? Nos colonnes supérieures auront à décider cette » question. Quant à moi, à moins que l'âge ne commence à » amortir les impressions, je dois reconnaître que, depuis » dix-sept ans, je n'ai pas vu un concours moins éclatant que » celui-ci. Tout y est froid, terne, languissant. Les épreuves » cliniques se succèdent en se ressemblant. On dirait que la » génération chirurgicale, représentée par les compétiteurs, » a été coulée dans le même moule (1), qui en a reproduit une » infinité d'exemplaires : qui entend l'un entend à peu près » l'autre. Rien de spontané, d'individuel; il n'y a d'exception » à faire que pour le compétiteur qui n'appartient pas à l'École » de Paris, M. Alquié, Agrégé de Montpellier. C'est un peu

---

(1) Ces idées, émises par un noble Vétéran de la Presse médicale, sont bien les caractéristiques de l'état de la science à cette époque; c'est le moment où elle commence à se généraliser, à s'ordonner officiellement, en France, sous le drapeau de l'homogénéité, de l'uniformité; tandis qu'elle a transporté son creuset et sa didactique en Allemagne, où elle prépare pour l'avenir des vérités et des erreurs nouvelles.

» humiliant pour Paris ; mais la justice et la vérité m'obligent
» à reconnaître que la palme des deux premières épreuves
» appartient jusqu'ici à M. ALQUIÉ. Il est fort curieux et
» piquant que, quelques mois après que M. FLOURENS a pro-
» clamé, du haut de la tribune de la Chambre des Pairs,
» l'infériorité chirurgicale de l'École de Montpellier, ce soit
» un disciple et un Agrégé de cette École qui excite le plus
» d'applaudissements dans un concours de chirurgie. »

Ce ne fut que le 1er Juin 1850, à la suite d'un brillant
concours, qu'ALQUIÉ, alors âgé de 38 ans, atteignit
enfin ce poste si noblement envié, si vaillamment gagné,
de Professeur de Clinique chirurgicale dans la Faculté de
Montpellier, et qu'il vint s'asseoir à cette même place
qu'occupait DELPECH, il y avait à peine dix-huit ans.
Dès lors, la fortune se montra moins dure pour l'enfant
de la misère ; les portes de l'Avoir commencèrent à s'ouvrir
pour lui ; hâtons-nous de dire que le Professeur ne fut
jamais ébloui ni séduit par les merveilles de Plutus ! —
Nous connaissons trop déjà son caractère ; — l'opulence
elle-même eût-elle envahi ses habitudes, son âme fût
restée toujours grande et dédaigneuse ; d'ailleurs, l'or ne
sert que les passions, — celle de la science excepté, —
et celle-là était la seule que possédait ALQUIÉ tout entier.
Quoi qu'il en soit, à partir de ce moment, s'il n'eut point
le temps d'amasser une grosse fortune, il eut au moins
la satisfaction de voir disparaître à jamais ce hideux fantôme de la misère qui lui avait procuré tant de réels
cauchemars, et de laisser une belle dot à sa fille.

Dégagé pour toujours des préoccupations matérielles,
il va se consacrer en entier à l'art, à la science et à la pratique. C'est alors que se développèrent les qualités émi-

nentes du Professeur ; son infatigable activité jointe à ses
goûts constants pour l'expérimentation, les applications
cliniques et les constatations nécropsiques, donnèrent à
son enseignement un caractère et une puissance d'individualité tout-à-fait dignes de la splendeur et de l'illustration
que DELPECH, LALLEMAND et SERRES ont laissées à cette
chaire de Clinique chirurgicale.

Ses nouveaux devoirs ne lui laissèrent point perdre de
vue une publication importante : *La Chirurgie conservatrice*, à laquelle il avait mis la dernière main quelques
jours avant son dernier concours. Ce livre est l'expression
la plus significative de la personnalité d'ALQUIÉ : être
chirurgien et médecin tout à la fois. A part quelques
exagérations, il est aussi l'expression du bon sens et de
la sagesse de la grande chirurgie de notre époque ; s'il
n'est point rigoureusement acceptable dans toutes les
propositions qu'il traite, on peut affirmer qu'il restera
comme un témoignage de cette mansuétude, de cette
bonté individuelle qui fait que l'opérateur s'efface généreusement, au préjudice même de ses intérêts, devant le
chirurgien-médecin qui substitue, à un manuel brillant,
plein d'effets saisissants, l'art plus modeste de la patience
et de l'opportunité topique, pour conserver au malade,
non-seulement un membre, une fonction, mais le plus
souvent la vie elle-même : tel est l'objet de la chirurgie
conservatrice.

Cette œuvre majeure ne fut pas la seule digne de
l'autorité du Professeur. Le Traité de Pathologie médicale,
la Clinique chirurgicale, parurent à quelques années
d'intervalle, et prouvèrent que le travailleur ne chômait

point chez le chirurgien en chef de l'Hôtel-Dieu. Ces ouvrages ont le mérite d'être élémentaires et de contenir les questions les plus saillantes de médecine et de chirurgie traitées selon les progrès de la science et les principes de l'École de Montpellier.

A peine installé dans sa belle chaire de clinique, le Professeur ALQUIÉ ne balança pas à se rendre d'abord seul, et puis à la tête de la Commission médicale désignée par le Gouvernement et la Faculté, sur le théâtre d'une épidémie meurtrière de suette miliaire qui., en Mai-Août 1851, décima une partie des habitants de l'Hérault. Arrivé le premier sur les lieux, il les quitta le dernier. L'histoire de cette maladie populaire, écrite et publiée (1 vol. in-8 ; 1853), restera comme un monument digne du dévouement et du talent dont le Professeur, ainsi qu'un nombre assez considérable de médecins et d'élèves distingués, firent preuve dans cette mémorable circonstance. Le médecin se montra à la hauteur du chirurgien ; car ALQUIÉ, dès les premiers moments, saisit parfaitement les indications principales de la maladie. Dans des feuilles inédites, nous trouvons la trace de sa belle et noble conduite. Le Chirurgien en chef de l'Hôtel-Dieu, en arrivant sur le théâtre du fléau, n'eut rien de plus pressé que de se mettre en rapport avec les praticiens de la localité, notamment avec le docteur AURIAS, médecin des épidémies de l'arrondissement de Béziers, dont l'âge, la grande expérience, les talents furent immédiatement appréciés. Les observations, les remarques sur la marche, les symptômes, les divers traitements de la maladie que le vieux praticien avait étudiée, furent prises en grande considération par le Professeur, et l'engagèrent dans les convictions qu'il dut se faire sur le caractère et les véritables indications de cette épidémie dont les désastres firent en quelques jours des progrès effrayants. D'ailleurs, ces indications furent confirmées par les autres Membres de la Commission, MM. Fuster et Barre. De nombreux élèves avaient répondu à l'appel des Professeurs et des Autorités ; Alquié les réunit dans une des salles de l'Hôtel-de-la-Paix, à Pézenas, leur fit une leçon clinique mémorable, organisa leurs services, et lui-même donnant l'exemple, ils coururent tous à leur poste ; pendant trois mois entiers, cette cohorte magnanime donna sans relâche ni trève, avec un dévouement que, seul, pouvait leur inspirer l'amour de l'humanité. Les indications fournies par l'observation de cette épidémie étaient basées sur la distinction de la maladie en suette bénigne et suette rémittente maligne. Le problème résolu, toutes les difficultés n'étaient point aplanies ; il fallut toute l'énergie, toute l'autorité que surent déployer et inspirer le Président ainsi que les autres Membres de la Commission, pour triompher d'ennemis aussi dangereux que l'épidémie elle-même, savoir : les préjugés et la démoralisation. Les préjugés, surtout contre le sulfate de quinine, entretenus malheureusement par des divergences, entre les médecins, touchant le traitement de la maladie, cédèrent devant des arguments dont le meilleur fut le succès ; la démoralisation, la peur, cédèrent devant l'attitude courageuse, le zèle infatigable de tous les médecins et élèves qui se prodiguaient partout, touchaient, palpaient, auscultaient, soignaient, pansaient même leurs malades, sans jamais manifester ni répugnance ni crainte.

Quelques-uns, un trop grand nombre, furent victimes de leur zèle, ou tombèrent ; cependant, pas un ne quitta le champ de bataille ; ils se soignèrent, se guérirent comme ils purent ; aucun ne voulut subir de honte ou consentir à être accusé de faux courage, de lâcheté ; tous pensaient qu'en pareille circonstance il faut vaincre ou mourir !....

Le Professeur Alquié donna tout le premier l'exemple de ce grand dévouement. — « A Cazouls, écrivait-il à
» cette époque, comme dans les autres localités, nous fut
» donné le pénible tableau des effets les plus déplorables
» de cette terreur, capable de faire oublier les sentiments
» de la famille ; ce préjugé de la contagion inspirait des
» répulsions bien tristes à signaler. Contre de semblables
» craintes, le raisonnement eût été impuissant. Je passai
» la nuit près de M. Pauzier, malade le plus gravement
» atteint et le plus estimé du village ; à plusieurs reprises,
» moi-même, je lui administrai du sulfate de quinine,
» je lui appliquai des attractifs cutanés et d'autres remèdes
» convenables, refusant de nettoyer mes mains de la
» sueur abondante que je ramassais sur le corps de ce
» malade ; au lieu de me servir de l'eau et du linge
» que l'on me présentait en tremblant et avec insistance,
» j'essuyais mes mains à ma figure. De cette manière, à
» Cazouls, à Nizas et dans d'autres localités, j'ai vu ce
» fantôme de la contagion s'éloigner, et des enfants ne
» plus craindre de donner des soins à leur père. »

Tant de fatigues eurent enfin raison de la vigoureuse constitution d Alquié. Une affection du larynx assez tenace et qui ne céda que sous l'influence des Eaux-Bonnes, donna, pendant quelques mois, beaucoup d'inquiétudes à ses amis.

A peine remis de ses fatigues et de sa maladie, le Professeur se créa un nouvel élément d'activité ; il institua et soutint, à ses frais, pendant cinq ans, une publication importante destinée à vulgariser ses idées, ses travaux, ainsi que ceux de collaborateurs distingués. Les *Annales cliniques de Montpellier*, conçues d'après le but et les plans qui guidèrent l'illustre DELPECH dans la fondation du Mémorial, contiennent une quantité d'articles originaux sur toutes les branches de la médecine ; elles prouvent au monde savant qu'il n'y a point qu'un seul foyer intellectuel en France. La Clinique des Hôpitaux du Midi trouvait, dans cette publication, un écho nécessaire et mérité. Si certaines conditions matérielles manquent au succès continu de pareilles tentatives en province, ce n'est certes point par défaut de matériaux ni d'hommes érudits, dévoués à la science. En terminant ces réflexions sur la valeur des *Annales cliniques,* nous devrions citer les mémoires importants et les noms d'auteurs estimés, célèbres. Cette énumération nous entraînerait trop loin : qu'il nous suffise de dire que, depuis LORDAT jusqu'au plus humble interne, tout y est essentiellement remarquable, intéressant et utile. Cependant nous ne pouvons résister à l'occasion qui se présente de rendre un hommage posthume à la mémoire d'un des collaborateurs les plus brillants de cette publication médicale : nous voulons parler d'un Professeur-Agrégé qui, à une simple infirmité près, manqua de venir éminent. LASSALVY était l'expression la plus heureuse du critique parfait, auquel toutes les qualités étaient naturelles et acquises : l'érudition la plus vaste, le jugement le plus profond, l'élégance la plus

correcte, l'esprit le plus français et l'originalité la plus
transcendante. Depuis lui, si quelqu'un s'est vanté d'avoir
hérité de son genre, il n'a pu encore donner d'autres
preuves que de sa vanité et de son impuissance accusées
par le silence ou l'indifférence de ceux qu'il attaque ;
l'acerbe, le caustique, l'injurieux Zoïle ne sera jamais le
juste, le sémillant Aristarque ; l'inspiration charivarique
ne fera jamais oublier le sentiment de l'atticisme; la cari-
cature sera toujours, au moins à un certain point de vue,
très-divergente du modèle académique. Telle était, d'ailleurs, l'opinion du Professeur Alquié.

Si l'épidémie de suette miliaire de l'Hérault, en 1851,
fut, pour le Président comme pour tous les Membres de la
Commission, les médecins et les élèves, un glorieux
épisode dont les honneurs silencieux furent voués à l'oubli
ou à l'indifférence, comme tant d'autres beaux faits
d'armes de notre armée médicale, il n'en fut pas de même
à l'occasion d'un événement nosocomial que la guerre
d'Orient engendra dans beaucoup d'hôpitaux du Midi,
notamment à l'Hôtel-Dieu de Montpellier. — En 1855-
1856, la pourriture d'hôpital compta, dans le service du
Professeur Alquié, près de deux mille victimes ; deux
militaires seulement ne purent être arrachés à la maladie
gangréneuse, et succombèrent. A cette occasion, tout le
monde put admirer l'étonnante activité, le dévouement et
les talents du chirurgien en chef. Un mémoire *ex-professo*,
en partie publié, contenant des observations intéressantes,
des considérations pathologiques judicieuses et des apho-
rismes pleins d'autorité, restera comme un monument
remarquable de cette désastreuse période de la clinique

de l'Hôtel-Dieu de Montpellier , et sera , pour les générations médicales à venir, un précieux document où toute la valeur de l'éminent Professeur pourra être comprise et perpétuée. A cette même époque , une de nos grandes et des plus dignes illustrations militaires , le Maréchal BOSQUET, dut se mettre personnellement en rapport avec ALQUIÉ, dont il apprécia toutes les qualités de cœur et d'esprit. A part ses impressions intimes, le Maréchal put admirer la conduite du chirurgien en chef, et voir combien l'armée avait contracté de dettes envers ses services chirurgicaux ; il demanda lui-même, avec une insistance que rien ne put décourager, une récompense digne des services rendus et de la personne qui avait mérité. Le Ministre de l'Instruction publique prit en sérieuse considération ce qui lui fut envoyé du Ministère de la Guerre, et, le 16 Juin 1856, le Professeur ALQUIÉ fut nommé Chevalier de la Légion d'Honneur.

Par des circonstances fortuites , il advint que la fortune, d'ordinaire si bizarre , eut fantaisie d'être juste ; il a suffi qu'un grand cœur rencontrât un homme digne et méritant ; — nulle combinaison n'est plus simple ; — elle défie toute méchante interprétation !...... Cette distinction, que le Professeur ne rêva jamais , lui fut d'autant plus honorable et sensible, que l'honnête homme n'est plus justement récompensé que lorsqu'on lui donne ce qu'il n'a jamais recherché ni demandé.

La physionomie d'ALQUIÉ se dégageait enfin et progressivement des sombres horizons ; elle s'élevait vers son zénith sans soupçonner la mort à mi-chemin ; elle pouvait entrevoir la gloire lui préparant ses palmes ; l'espérance

souriait de plus en plus à ce front qui avait réflété tour à
tour l'espiéglerie enfantine, l'ardeur juvénile, les cha-
grins soucieux, les nobles préoccupations, les grandes
conceptions, et qui mûrissait maintenant sous les linéaments
indélébiles de la misère que de vraies et justes satisfactions
commençaient à adoucir sinon à effacer.

Ces satisfactions pouvaient déjà suffire largement à
l'esprit d'Alquié; mais son cœur ne connaissant encore
que les émotions sévères, prétendait aussi à une part que
la mort d'une mère toujours adorée avait réservée et vouée
à des douceurs que tout homme recherche par nature.
Gall le physiologiste, Esquirol l'historien, Ribes le philosophe, nous ont dit, chacun dans leur langage, ce que
c'était que l'Affectionivité. Il est des heures où le travail
et les grandes passions d'esprit, sans s'épuiser, s'arrêtent
cependant comme à la fin d'une page, d'un chapitre, d'un
volume lu : la tête est pesante ; on s'aperçoit alors que l'on
est dans ce monde ; on cherche une place, un foyer.....
Qui prendra soin du corps et du cœur quand l'esprit est
absorbé ; qui soutiendra ces choses quand l'âge en aura
affaibli ou inutilisé une grande partie ?... Qu'importe que
certains rient de ces besoins. La famille, une femme, des
enfants, n'est-ce point la récompense la plus vraie, la
plus sûre, la source des plus saintes joies ? — Pour acquérir une place officielle dans la société, Alquié eut à
vaincre bien des difficultés, à surmonter bien des obstacles ;
pour obtenir une part honorable dans la famille, il eut à
subir autant d'oppositions et autant d'épreuves : là aussi,
il rencontra des déceptions, des duretés, l'avanie elle-
même. Déjà sa délicatesse avait eu à subir les rancunes in-

dignes d'un de ses plus estimés maîtres. Depuis, alors que son avènement au professorat l'élevait à la hauteur des espérances matrimoniales, ses tentatives, qui n'eurent point la chance de se trouver en rapport avec des prétentions ridicules, furent repoussées ; des dépits simulant le dédain prétextèrent son manque d'éducation, son origine infime, sa parenté inacceptable, etc., jusqu'à ses opinions politiques. — Néanmoins il finit par rencontrer des satisfactions convenables pour son cœur et sa position ; le mariage fut pour lui un pacte providentiel où il apporta les plus beaux fruits de ses travaux, un cœur vierge un peu meurtri par les luttes, un peu sévère et ferme, mais plein d'un bonheur qu'il sut constamment faire partager.

Noblesse oblige : ALQUIÉ ne pouvait être simplement homme de sciences et d'études ; le Professeur, le Chirurgien en chef avait trop d'intelligence, d'érudition, d'aptitudes, de qualités enfin, pour ne pas se mêler ou participer aux différentes conditions, aux exigences de la sociabilité, de la vie publique. Son caractère indépendant, son âme fière et loyale, là encore, éprouva bien des péripéties, bien des froissements. Sa position élevée lui donnait l'entrée partout ; dans les salons officiels, dans les réunions distinguées, on accueillait le Professeur, mais on y faisait souvent trop peu de cas de l'homme ; il le comprenait, et cependant il sentait, qu'en lui, l'homme valait bien le Professeur. Pouvait-il, d'ailleurs, cet homme d'une loyauté scrupuleuse, se faire d'emblée à ces combinaisons sociales où l'esprit des convenances, la politesse, cette bienveillance intéressée, acceptent, pallient, honorent même tous les vices pourvu qu'ils aient le ton comme il faut, et qu'ils soient utilisables ?

Non, jamais il ne put offrir son estime, sa main, à quelqu'un de méprisable. Homme de luttes, il en avait toute la rudesse ; s'il se heurtait contre des prérogatives de naissance ou de fortune, il réagissait avec toute la fierté du mérite, du droit acquis ; fort de sa valeur, il la soutenait impétueusement ; il ne sut jamais habiller une vérité ni ménager une récrimination ; la souffrance l'avait rendu passionné. — Des contrariétés vexantes, des animosités vives, des haines sourdes, étaient le fruit de ses oppositions ; pouvait-il alors désirer les jouissances des relations officielles ? Cependant il en comprenait les convenances et l'utilité ; sa profession, son rang, l'y obligaient même ; sa grande intelligence lui permettait d'espérer des transactions honorables avec son indépendance, surtout à mesure qu'il vieillirait, que l'âge atténuerait, sans la déprécier, la vivacité de son caractère. Il cherchait donc à se perfectionner.

L'ambition devait être une cause de progrès pour ALQUIÉ ; ce n'était pas autant l'ambition des places et des honneurs, que celle, plus élevée encore, de laisser un nom à la science médicale ; en dehors de ce noble but, il ne brigua jamais rien ; d'ailleurs les luttes politiques n'étaient point de son caractère. Une seule fois dans sa vie, et on le lui a certes assez reproché, il s'enthousiasma à l'occasion d'une de nos dernières secousses sociales, et alla jusqu'à discourir publiquement sur la sainteté du travail ; il ne tarda pas à se désabuser, non pas de ses idées, mais bien du rôle qu'il s'était cru un moment obligé de remplir. Sa passion l'avait entraîné, mais sa loyauté le ramena : l'homme pratique par excellence ne pouvait long-temps spéculer sur des théories. Depuis lors, s'il se permettait,

comme il appartient à tout homme libre et intelligent,
de raisonner sur les affaires publiques, il le faisait sage-
ment, avec mesure, dans l'intimité; que si des amis
enthousiastes parlaient de le produire, dans quelle condition que ce fût, aux suffrages des comices, il se récriait
aussitôt, s'enfuyait devant cette menace, ou parlait de l'hôpital, de sa clinique, de ses malades, etc. « Non, disait-il,
» le vrai médecin est comme le prêtre; son rôle, dans les
» luttes sociales, doit être tout passif; il doit suivre la société
» dans sa marche providentielle, attentif à recueillir ceux
» qui s'arrêtent ou qui tombent blessés, les panser, les
» soigner et adoucir l'agonie des mourants.»

Alquié eut soif plutôt de considération que de popularité; il acquit l'une et l'autre sans bassesse, sans surprise, sans habileté, et seulement parce qu'il était très-
honnête homme. Sans se targuer vainement de son origine,
il n'en renia jamais rien en grandissant, en s'élevant; si
infime qu'elle fût, cette origine, il avait l'immense satisfaction de la savoir pure et sans tache; il eut pour berceau la
probité; il fut toujours fidèle à son lait, à son sang, et
se montra de cette race, privilégiée, d'hommes probes
laborieux en même temps qu'ils sont très-intelligents et
supérieurs. Enfant, homme et même devenu Professeur,
il n'eut à redouter d'autre code que la sévérité paternelle.
Le père Alquié était fier d'avoir un fils Professeur, dé-
coré, etc.; mais, quel titre qu'il eût acquis, ce fils dont
il était si fier, il n'en considérait qu'un : — sa réputation
d'honnête homme. — Et disons-le bien haut, le Professeur
de clinique chirurgicale, le Chirurgien en chef de l'Hôtel-
Dieu de Montpellier, si imposant de sa personne et par

son autorité scientifique, était devant ce père, l'ex-chiffon-
nier, un fils tremblant et soumis, ne discutant jamais,
acceptant tout, redoutant, respectant cette grande autorité
paternelle. Par quel mystère? — la probité! — pauvre
mais honnête! — A-t-on assez ri de ce dicton? — Dans
certaines familles, on n'en rit jamais; la famille ALQUIÉ
est de ce nombre.

Il ne faudrait point croire que cette crainte respec-
tueuse pût exclure l'amour filial. Il y a quelques années
que le père ALQUIÉ mourut, loin de Montpellier, pendant
un voyage; comme on connaissait l'extrême sensibilité du
Professeur, personne n'osait lui annoncer cette nouvelle;
on en chargea un de ses amis et collègues de la Faculté,
qui accomplit son mandat avec tous les ménagements
possibles. ALQUIE comprit dès les premiers mots: il perdit
connaissance, ce qui ne lui était jamais arrivé; il pleura
comme un enfant, et fut long-temps inconsolable d'une
mort qui cependant mettait un terme à certaines gênes
et à certains embarras.

La probité est la première, l'indispensable qualité du
médecin. De MAISTRE a dit : « Ne peut être médecin celui
» qui n'est pas religieux, » — Nous croyons accentuer
davantage en disant : N'est pas médecin celui qui n'est
point honnête homme. En effet, si savant, si instruit, si
habile qu'il soit, le médecin qui n'a pas de conscience,
est l'homme le plus dangereux qui se puisse voir. Le
charlatanisme, ce chauchemar des associations médicales,
sera toujours vivace, tant qu'il y aura des exceptions dans
l'une des classes les plus laborieuses et les plus intelli-
gentes de la société : celle des médecins.

Cette probité, Alquié la poussait jusqu'à l'abnégation, jusqu'au sacrifice. On lui propose un parti très-sortable, la parente d'un homme haut placé ; il refuse, parce qu'il ne veut pas qu'on puisse dire qu'il doit sa position à ce mariage. Ce refus lui valut l'inimitié de l'homme éminent ; il en souffrit beaucoup ; il ne laissa pas cependant, lorsque l'heure fut venue, que les circonstances le permirent, de rendre un hommage public et éclatant aux mérites et aux qualités de cet homme qu'il n'avait cessé d'estimer. — Une place considérable très-importante est mise au concours des suffrages, où se comptait celui d'Alquié(1) ; tous ses amis, ses partisans, son propre cœur lui désignaient, lui imposaient un homme digne du poste envié ; mais le Professeur croit qu'un autre est supérieur, et bien que ce concurrent ait contre lui une animosité trop souvent manifestée par des actes et des paroles, il n'hésite pas à lui donner son vote, sacrifiant ainsi ses vieilles amitiés, sa popularité même, aux rigueurs de la probité et de l'honneur (2).

Se trouvant dernièrement chez un de ses clients, il y fit la rencontre (ménagée sans doute) des proches parents d'un jeune candidat qui allait concourir pour une place importante de la Faculté. Quelques paroles de recommandation furent prononcées. « Il n'a pas mes sympathies,

---

(1) Il s'agissait de la nomination d'un nouveau collègue.

(2) Hâtons-nous de dire que l'ami délaissé ne conserva pas long-temps rancune à Alquié, et qu'il lui rendit toute son affection : exemple rare et bien digne d'être cité. C'est parce que tous les deux se valaient, au moins par la loyauté.

dit un peu sèchement ALQUIÉ ; mais, s'il la mérite, il aura certainement ma voix. » Quelque temps après, le Professeur annonçait, avec une certaine joie, à son client, que son protégé avait remporté les suffrages et était nommé. « On ne vous pardonnera jamais votre réponse sévère, » lui fut-il dit ; « j'en suis fâché, répondit-il, mais » j'ai préféré parler selon ma conscience que de faire des » promesses banales et hypocrites que je n'aurais pu tenir » si le candidat n'avait pas mérité ma voix. » — Toutes les fois qu'il était sollicité, par n'importe qui, ALQUIÉ répondait invariablement : « J'ai pour habitude de suivre » attentivement les épreuves d'un concours ou de lire d'un » bout à l'autre les titres et les ouvrages d'un candidat ; » je marque tout ce qui me paraît avoir de la valeur, avec » des points, et leur somme guide mes suffrages. »

Ce rigorisme, loin d'exprimer de l'étroitesse, témoignait, au contraire, de l'ampleur, de la générosité de ses sentiments, de la loyauté de son caractère qui pouvait quelquefois aller jusqu'à l'ingénuité ; — personne n'est naïf comme un honnête homme. — Aussi les surprises, les mécomptes, les déceptions, les erreurs qui l'instruisaient chaque jour, le disposaient fort peu à la sociabilité. Trop confiant ou trop méfiant, il s'exposait à s'abandonner malheureusement ou à soupçonner injustement. Les deux extrêmes lui firent commettre des fautes qui ne nuisirent à personne, mais qui lui furent, toutes sans exception, amèrement reprochées. Son plus grand défaut fut de marcher toujours seul, sans appui, sans guide, sans conseil ; — les hommes qui sont eux, mais rien qu'eux, sont ainsi ; — il y en a fort peu ; — au moins dans les carrières libérales.

Les intelligences naturelles , en général , soumises au caractère actuel de nos institutions sociales , sont entraînées vers les spéculations les plus matériellement productives. Autrefois le clergé , le barreau , la médecine , les arts absorbaient les dispositions intellectuelles ; aujourd'hui que les spéculations scientifiques se sont mises, grâce à la vulgarisation des méthodes d'enseignement, au niveau de toutes les prétentions , il suffit d'un labeur opiniâtre et du développement d'une seule des qualités de l'intellect : la mémoire, pour donner à la médiocrité les semblants d'originalité intellectuelle. C'est ce qui explique souvent les défauts que l'on trouve chez certains parvenus par le travail seul, tandis que leur organisation est incomplète ou inférieure à leur haute position. Que si cette médiocrité échoue dans ses rêves ambitieux , elle se met au rang des déclassés, des incompris ou des impuissants. — Alquié réunissait l'intelligence naturelle et l'intelligence acquise ; il était, dans l'acception du mot, original ; il était lui !.... Aussi , combien se montrait-il ennemi déclaré de tous ces moyens qui entravent, qui enlacent la société , de ces combinaisons qui se manigancent en petites sociétés, en petits comités , en familles, en camaraderies, en coteries ! S'il ne croyait pas aux jésuites, il croyait au jésuitisme. Il trouvait , dans notre société, des vices assez adroitement reprochés à un ordre religieux fort par son austérité et son instruction, et que le parlementarisme politique, le romantisme littéraire, l'industrialisme artistique de notre siècle ont généralisé, vulgarisé dans les habitudes et les mœurs de notre époque. Il voyait progresser l'exploitation, dans la société , de l'idée d'association au profit du plus

petit nombre contre le plus grand. Il redoutait cet exclu-
sivisme qui ne peut aboutir qu'à former un corps dans un
corps, une famille dans la famille, etc. : c'est l'idée vicieuse
et latente du privilége renaissant et rabaissé ; il tend à
scinder l'unité, l'union, la société elle-même, toujours et
infailliblement au profit des habiles.

Sa probité, servie par une prévoyance intelligente, l'éloi-
gnait de ces collusions astucieuses et très-envahissantes
qui gagnent chaque jour parce qu'elles se recrutent dans
les déclassements, la centralisation, le dépeuplement des
campagnes et l'encombrement des carrières sociales, ce
qui engendre des nécessités aussi faibles que vaines, mais
qui sont redoutables par leur masse.

Alquié aurait-il pu trouver, dans la Faculté, dans
l'École dont il était un des membres éclairés, les éléments
de cette sociabilité qu'on lui reprochait, ses amis eux-
mémes, de ne pas assez mettre en pratique ?

Non ! le Professeur ne trouvait ou ne pouvait trouver,
dans la Faculté, les moyens de corriger ses humeurs d'indépendance. Tout son passé, son présent même, consti-
tuaient des difficultés que ne pouvaient concilier des
rancunes légitimes et réciproques, des délibérations, des
discussions, des actes dont il ne voulait pas quelquefois,
moralement au moins, partager la responsabilité. Il
s'obstinait à voir, au milieu de ses collègues, certaines
coteries, toujours inévitables, là où se trouvent réunies
des personnes et des partis à intérêts opposés ; même sous
le rapport principal : l'enseignement, il y avait divergence.
Si les combinaisons diverses, suscitées par les circonstances
ou les personnages, ne s'abaissaient jamais au rang d'in-

trigues, elles lui paraissaient parfois s'entacher de népotisme ou de cooptation. Sa vie entière protestait contre
ces faiblesses inhérentes plutôt à la Faculté qu'à l'École
proprement dite; car, implicitement, il différenciait ces
deux états : à la première, il rattachait l'autorité officielle ;
à la seconde, l'autorité doctrinale ; il servait loyalement et
respectueusement la Faculté ; mais il aimait passionnément
l'École. Si on a dû lui reprocher son trop d'ardeur, sa
véhémence, ses coups de bouttoir même, dans ses anta-
gonismes, nous espérons qu'on lui rendra cette justice,
que les intérêts de sa personnalité n'étaient jamais les
motifs préalables de ses controverses, de ses oppositions.
Ce qu'il communiquait, discrètement d'ailleurs, des orages
intimes de l'aréopage, trahissait plutôt un rigorisme affectif,
des appréhensions outrées, peut-être légitimes, touchant
la constitution de la Faculté, les intérêts généraux et
locaux de cette École où l'esprit d'unité doctrinale doit
tant à un illustre Vieillard dont l'existence séculaire est,
encore aujourd'hui, le meilleur préservatif, peut-être
aussi, la seule garantie respectée contre de vains mais
redoutables envahissements.

Telles étaient, au moral, les vicissitudes d'ALQUIÉ. La
volonté devait faire développer, l'âge devait faire mûrir
des propensions, des aptitudes sociales que ses antécédents
avaient jusqu'alors entraînées dans une espèce de concentration fière et contentieuse ; à mesure que ses luttes
seraient devenues plus rares et plus faciles, il aurait
déposé ses armes et adouci les manières de son caractère.
Le Professeur était peut-être plus difficile à modifier,
mais l'homme gagnait sensiblement ; l'époux, le père de

famille , le médecin devaient infailliblement transformer le Professeur. C'était donc affaire de temps , et ALQUIÉ était trop intelligent, trop probe et trop bon pour ne pas progresser et se perfectionner.

D'ailleurs sa vie privée, exempte de tout reproche, lui servait pour ainsi dire de retranchement : aucune préoccupation étrangère à l'École, à l'hôpital ou à ses travaux ne venait apporter de trouble dans sa paisible, quoique rigoureuse existence. Il ne fréquentait aucune société , aucun cercle ; il n'avait aucune passion sensuelle, pas même celle de la table où il se serait oublié plutôt en lisant qu'en mangeant, si une tendre sollicitude n'eût veillé à sa santé. Son seul plaisir, sa seule récréation était la campagne.

Cette vie déjà pleine était encore bien absorbée par la clientèle. Depuis des années il jouissait d'une réputation acquise par des débuts longs et fort pénibles de la pratique médico-chirurgicale dans la classe pauvre. Il ne sut ou ne put jamais se débarrasser de cette clientèle aussi exigente que précaire ; une sorte de reconnaissance l'y tenait attaché ; d'ailleurs, issu du peuple , il en avait subi toutes les pauvretés : c'est par elles que s'étaient épurées toutes ses luttes pour arriver à un des premiers postes d'un état supérieur. Il regardait les gens du peuple comme des enfants, des pupilles de la grande société humaine, comme une masse grouillante de misère , d'ignorance où cependant existent en puissance les forces du Beau et du Bon.

La vue des misères et des souffrances d'un pauvre ménage ne lui rappelait-elle point certaines analogies avec son berceau? Le quatrième étage, la mansarde, le grabat, le chevet de paille, l'âtre béant et dégarni, l'évier infect, l'encombrement, les haillons, le luxe malpropre, toutes ces richesses de l'indigence ne lui rappelaient-ils point ses premiers foyers?

Loin d'éprouver ce dégoût dont nous ne pouvons plus ou moins nous défendre, surtout quand ces choses sont trop sordides, un secret et mélancolique attrait dirigé par une bonté innée l'amenait toujours, de bon gré, chez les malades pauvres; jamais il ne refusa ses soins aux plus dégoûtants, même aux plus difficiles; il avait pour tous de l'aménité, de la condescendance, du dévouement, des paroles du cœur, des conseils, souvent aussi la pièce d'argent. Nous l'avons vu dans la maison de l'indigent, lui, l'homme si imposant, si sévère, toujours patient, toujours calme, expliquant, démontrant toutes les choses utiles, dans leur plus petit détail, redressant les erreurs, les préjugés avec un esprit et des termes bien à la portée des ignorants, grondant avec bonté et fermeté tout à la fois, imposant enfin son autorité avec un à-propos si juste, un tact si délicat, que tout s'apaisait, s'accommodait, le mal et le malade, et on le bénissait. ALQUIÉ était donc charitable, mais de cette charité digne, élevée, intelligente, désintéressée qui inspire toute la vie du médecin, qui l'expose si souvent, et à son escient, à être si généreusement dupe.

Tout en restant fidèle aux pauvres, il ne laissa pas d'acquérir insensiblement une clientèle de plus en plus relevée; sa réputation, à Montpellier et au dehors, prenait chaque jour plus d'extension. Il contracta d'excellents

rapports avec des personnes du meilleur monde et du
plus haut rang. Tout ce monde riche, élégant, puissant
appréciait, comme le pauvre, les qualités du chirurgien
habile, du médecin soigneux, et plus encore celles de
l'homme érudit, lettré, aimable et affectueux. — C'est
alors qu'il dut modifier ses idées sur la société, qu'il put
comprendre que, s'il y a beaucoup de mauvaises gens,
de faux amis, de faux bons hommes, il y a aussi, en
raison directe, beaucoup d'honnêtes gens dans toutes les
classes; que la considération, l'estime, la reconnaissance,
l'affection se rencontrent aussi bien dans la rue que dans le
salon doré ; il dut apprécier la valeur de certaines conditions où la fortune, la naissance, le rang, n'excluent
point l'esprit du Beau, du Bon et le culte de la vérité. —
Nous en trouvons les preuves dans sa nombreuse et très-
curieuse correspondance (1) : les personnes de toutes conditions, les favoris de la fortune, les représentants du
Pouvoir, les savants les plus dignes et les plus distingués,

---

(1) Un médecin des plus considérables et des plus respecta-
bles de notre époque, qui occupe une position qu'honorent la
considération et la confiance de l'Empereur, qui jouit d'une
réputation européenne justement acquise par des services spé-
ciaux, notamment dans le plus important de nos établissements
thermaux, écrivait à ALQUIÉ, il y a quelques jours à peine : —
« Bien souvent, mon cher et savant confrère, en pensant à
» notre *homonymité* et à notre confraternité professionnelle, je
» me suis demandé si quelque ancien lien de parenté n'aurait
» pas existé entre nos familles.... Vous me pardonnerez cette
» curiosité dictée par un sentiment tout de sympathie pour vous
» et les vôtres. »

les femmes de qualité…, tous jusqu'au modeste étudiant, le pauvre artiste, le simple soldat, le bon prêtre, l'humble religieuse, témoignent de leurs sentiments de gratitude et d'affection envers le médecin, le chirurgien, le savant et le bon M. ALQUIÉ.

Qui d'entre nous ne se rappellera, avec quelques regrets au moins, cette facilité de caractère, cette bienveillante autorité qu'il apportait dans nos consultations : comme il savait nous amener à ses avis, corriger nos erreurs, sans jamais avoir l'air de faire la leçon ; ou bien, avec quel esprit et quelle condescendance n'admettait-il pas nos objections, nos restrictions ; et soit qu'il approuvât ou qu'il modifiât nos vues, avec quel tact et quelle loyauté ne s'appliquait-il pas à ménager nos intérêts et ceux du client ? Malade et médecin profitaient ainsi de son expérience.

Ce n'était pas seulement avec conscience que le Professeur ALQUIÉ accomplissait ses devoirs ; il y joignait un courage et un dévouement qui ne se démentirent jamais ; il poussait même les choses à l'extrême, au point que souvent il encourut, ces derniers temps surtout, l'animadversion, la haine de personnes dont les intérêts se croyaient lésés par sa courageuse probité. Il suffisait précisément que la religion de son devoir pût être soupçonnée de se laisser surprendre, atténuer par l'intérêt, pour qu'il la maintînt alors dans un rigorisme absolu. Ses convictions étaient des règles inflexibles ; une cause lui paraissait-elle juste, il s'y abandonnait tout entier. Pour tout au monde, il n'aurait point voulu que son type fût confondu avec celui de ces collets montés de la prudence et de la réserve, soi-disant de la dignité, qui ne sont en définitive, sous le masque des fausses convenances , que l'expression de l'esprit timoré, et mieux encore de l'égoïsme le plus parfait. — Mais, dira-t-on, on peut être honnête homme, savant distingué, professeur éminent, médecin consciencieux, sans se soumettre aux exagérations. — Très-bien ! en effet, quel est le régiment où tous, officiers et soldats, ne soient courageux ? Quel est le tribunal où tous les juges ne soient intègres ? Sans être en désaccord avec les optimistes, ne pouvons-nous pas dire que le courage, l'intégrité ont des degrés ? Et que c'est précisément le plus haut degré qui distinguait ALQUIÉ ?-- Si c'était un travers, personne n'en souffrit que lui : il nous serait facile de le prouver !...

Il est maintenant évident, pour tous ceux qui voudront en convenir loyalement, que le Professeur grandissait chaque jour, qu'il faisait tout son possible pour acquérir les mérites de l'homme à la fois éminent et sociable. On voit aussi comment, s'il eut des amis sincères, dévoués, il dut se faire des ennemis acharnés, puissants. Ces derniers eurent, le plus souvent, l'avantage sur lui ; ils l'ont poursuivi sans trêve, quelquefois même sans pudeur ; ils ont eu enfin la satisfaction d'avoir triomphé à jamais de lui, car désormais il ne troublera plus leurs spéculations, à moins que son ombre.... Mais arrêtons-nous devant cette idée puérile!... Les derniers râles de la conscience ont seuls le pouvoir de la reproduire dans des proportions terribles !

Jusqu'à ses derniers jours ALQUIÉ ne s'était jamais départi de ses habitudes de travail; il avait sans cesse quelque nouvelle étude à faire, quelque idée pratique à approfondir, à féconder. Il accomplissait srupuleusement les devoirs de sa charge ; sans en excepter un seul jour, il se rendait, matin et soir, à l'hôpital. Qui n'aurait pu être persuadé que le Professeur était assez riche en connaissances chirurgicales, était assez ardent d'esprit pour improviser ses leçons où brillaient l'imprévu, la variété, les digressions les plus attachantes ? — Et cependant chaque clinique avait son programme arrêté, médité d'avance, longuement énuméré d'articles méthodiquement classés, annotés, datés, apostillés de citations consciencieusement vérifiées.

Avait-il une opération grave à faire, une de ces exérèses déclassées, délicates, où la méthode, le procédé, pouvaient être soumis à l'imprévu, à l'incidence anormale ; alors il s'exerçait d'avance sur le cadavre, inventait incontinent toutes sortes d'expérimentations, méditait, supputait et arrivait enfin, au jour de l'opération, aussi bien préparé que décidé. En saisissant l'instrument, on a pu quelquefois le voir pâlir, mais ce n'était qu'un éclair de son cœur ; le chirurgien agissait avec cette certitude, cette confiance que donnent une bonne organisation physique et morale, une main assurée, des yeux parfaits, une aisance générale des mouvements qui est l'adresse, des connaissances infinies en anatomie, une conviction sérieusement acquise de l'excellence de la méthode et du procédé opératoire, enfin une grande foi dans la réussite : toutes qualités qui font le bon, le grand chirurgien.

Oui bien, le grand chirurgien !... Cette qualification pourrait paraître exagérée ; que l'on n'oublie point cependant qu'ALQUIÉ nous a quitté avant de nous avoir donné tout, avant d'avoir accompli sa brillante destinée. Tous ses travaux publiés ou inédits en sont garants.

Le Professeur avait beaucoup de conception ; il saisissait rapidement ; du premier regard il envisageait une question sur toutes ses faces ; mais comme il était très-érudit, travailleur exact, la réflexion venait contentieusement amoindrir à ses propres yeux la valeur de ses premières études ; il avait le défectueux privilége d'être le critique le plus compétent et le plus sévère de ses propres œuvres. Il était convaincu que, pour édifier solidement, il fallait vieillir ; il n'avait point la prétention d'avoir du génie, et redoutait, en devenant plus expérimenté, d'avoir à regretter de s'être trop avancé ou trop prononcé. Il voyait ce défaut chez les autres, et voulait s'en préserver ; il croyait aux âges et aux caractères de l'expérience dans la carrière humaine. Il jugeait notre siècle avec vérité ; il s'effrayait de ces immenses produits de la Presse et de leur tendance à industrialiser la science ; cette science pour laquelle il se sacrifiait chaque jour, et qu'il voyait se laissant séduire par le néo-Positivisme dont il était loin d'aimer les dogmes trompeurs, lui l'homme exact et positif par excellence. Cette intempérance d'imprimés, cette cachexie d'encyclopédies, cette fièvre d'alphabets, de dictionnaires ou de monographies, ces formes larvées du spécialisme, étaient pour lui des signes pronostiques de la déchéance, plus ou moins prochaine, de l'Ordre scientifique dans ce siècle paroxyntique de l'Éclectisme. — Constatation décourageante, mais incapable de l'attrister, parce qu'il avait la foi, qu'il croyait fermement à ce *quid divinum* dont

BROUSSAIS est le dernier prophète, et à ces grands principes collectifs qui se continuent de siècles en siècles.

C'est à cette conscience intime du grand, du vrai progrès qu'ALQUIÉ possédait, qu'il faut attribuer cette espèce de négligence toute humaine qu'il apporta à la perfection de ses œuvres. Cependant, s'il eût vécu quelques semaines encore, un grand ouvrage : *sa nouvelle méthode de taille*, aurait vu le jour. Ce travail était médité depuis longtemps, depuis qu'on avait traité d'excentriques ses recherches sur les moyens de fondre la pierre dans la vessie ; recherches très-intéressantes, dignes, au moins, de celles de PERCY, de CIVIALE, de LEROY, et qui sont savamment décrites à la fin de *sa Chirurgie conservatrice*. — *La nouvelle méthode de taille*, livre pieusement dédié à sa mère, contient le résumé critique de tout ce que la science possède sur le traitement des calculs, et l'exposé de sa nouvelle méthode d'extraction avec *le fixe-pierre*. Des planches magnifiques, dessinées par l'auteur, étaient déjà livrées par l'imprimeur BOHEM ; tout était prêt ; il ne manquait que l'éditeur. Cet ouvrage allait élever ALQUIÉ au rang de nos grands chirurgiens ; le Professeur n'avait plus qu'un pas à faire, qu'un échelon à gravir,... quand l'implacable mort lui mit la main sur l'épaule !

L'immortel BICHAT a dit, la vie n'est qu'une lutte. Cette définition, que tous les doctrinaires n'admettent pas, est philosophiquement vraie. — La lutte est plus ou moins vive selon que l'on est épicurien, parasite, eunuque ; pour ceux-là, la vie est molle, lymphatique, végétative ; l'intérêt du ventre domine ; l'animal cède, est entraîné. Mais celui qui est homme. Oh ! pour celui-là, la vie entière est une lutte ; il ne cède point ; il est toujours stoïque ; — s'il a jamais une faiblesse, il n'en a qu'une ; son cœur est puissant ; il sait aimer et haïr. Frappé dans ses affections, déçu de ses espérances, il pourra éprouver une concentration passionnelle, de la méfiance pour ses semblables ; mais, tout meurtri qu'il soit, il restera debout, fier et bon, jamais vaincu, son honneur et sa probité toujours intacts. — Il proclame hautement la souveraineté de l'âme, et, s'il le faut, il boira la ciguë. — ALQUIÉ fut un de ces hommes. — Tout en restant digne de ce titre d'homme, il aurait pu aussi bien acquérir fortune et considération dans un commerce, dans une carrière quelconque ; il aurait pu, à coup sûr, devenir un Monsieur ou un capitaine, et même son élévation aurait pu paraître, aux yeux de certaines gens, toujours assez admirable. — Mais acquérir une grande instruction, arriver degrés par degrés, aux dignités universitaires, se faire un nom, et tout cela seul, sans appui, sans fortune, obligé de vivre au jour le jour, d'avoir des livres, du pain pour lui, pour sa famille, voilà le fait de l'homme d'élite, de l'homme que Dieu a daigné distinguer et soutenir parmi ses semblables.

Au commencement du mois de Juin 1865, le Professeur ALQUIÉ fut appelé, dans les environs de Mireval, pour voir des malades. Il partait de très-bon matin, au point du jour, afin de pouvoir être de retour assez tôt, dans la matinée, pour faire ses visites de la ville ; d'ordinaire il s'en allait à jeun. Alors il faisait excessivement chaud, et déjà les fièvres, qui ont été, cette année, si fréquentes, si tenaces, commençaient à faire des victimes. Tout à coup, le 18 Juin, au milieu de la plus florissante santé , il fut pris d'accès de fièvre parfaitement caractérisés; ces accès, d'abord quartes, devinrent tierces sous l'influence de quelques prises de quinine. A la fin du mois, le Chirurgien en chef reçut, de M. le Doyen, une lettre d'avertissement, pour prendre son tour de service à la clinique de l'Hôtel-Dieu; mais, dans la nuit du 30 Juin au 1er Juillet, il eut un accès violent. Le Professeur se décida alors à faire un traitement méthodique, prit la résine de quinquina, et fit dire à l'hôpital qu'il prendrait son service dans la huitaine. Le traitement parut produire d'excellents effets; il y eut une intermittence d'une vingtaine de jours. ALQUIÉ songeait à reprendre son service; mais il se sentait si faible, qu'il voulut attendre jusqu'à la fin du mois; de plus, pour se soustraire aux exigences, aux obcessions de la clientèle, il se renferma strictement et ne reçut absolument personne. Précaution nécessaire! hélas, pourtant bien dangereuse! Car alors les prétextes de la plus odieuse calomnie prirent naissance et préparèrent leurs coups fraticides. — ALQUIÉ est fou, il est atteint de monomanie, de cynanthropie! — telle fut la rumeur. Il nous paraît intempestif et inconvenant de rappeler ici les explications plus ou moins venimeuses que ses ennemis donnèrent sur la prétendue maladie, ses causes, etc. — ALQUIÉ, assez de témoins peuvent l'affirmer, était atteint d'affection paludéenne, et non de monomanie, pas même de monomanie raisonneuse! — Le lion était faible , maléficié, malade; les animaux, l'âne aussi, ne lui ménageaient point leurs coups. Les Bazile ne manquèrent point; l'arme redoutable terrassa à son aise. — Figaro les dominait-il?... Ce qu'il y eut de plus fâcheux, c'est que des hommes sérieux, graves,

bien pensants , se firent tout bonnement l'écho de ces cris
de haine triomphante. Ce qu'il y eut de plus abominable,
c'est que , même dans l'enceinte sacrée , il se trouva des
Ardélion , des aboyeurs assez impudents pour trouver de
l'esprit et inventer des calembourgs sur la noble infortune.
Ces badins-là avaient-ils assez l'occasion de faire parade
de leurs vertus chrétiennes? La charité n'est-elle qu'une
utopie qui ne connaît point de responsabilité devant la
conscience , devant Dieu ?

Alquié se crut un instant débarrassé de ses maudites
fièvres ; mais, dans la nuit du 22 au 23 Juillet, il eut
encore un mauvais accès ; il se résigna alors à changer
d'air et demanda un congé que M. le Doyen s'empressa
de lui accorder. Le 23 Juillet, il partit pour le Vigan ,
et alla se loger dans une campagne des environs appar-
tenant à M. le Président Anthouard. Là il n'eut qu'un
seul accès , le lendemain de son arrivée ; encore fut-il
très-bénin. Pendant son séjour dans les Cévènes , la santé
du Professeur revint très-rapidement ; le bonheur de
vivre à la campagne , entouré de sa famille , le change-
ment d'air, une grande tranquillité d'esprit , amenèrent ce
résultat désiré et inévitable. — Au bout d'un mois, Alquié,
se sentant bien guéri , revint à Montpellier, et pour ne pas
s'exposer à une rechute possible, vu surtout les chaleurs
excessives, il se rendit aux sollicitations de sa famille, et
alla habiter une petite campagne, fruit de ses premières
épargnes , qui se trouve en amont des Prés d'Arène, à
3 kilomètres de la ville. C'est là où ses parents, ses amis ,
ses clients dévoués purent aller le voir, l'entretenir et s'ex-
tasier à leur aise devant le bon sens, le calme, la douce

et quelquefois joyeuse tranquillité d'esprit du Professeur qui s'était fait ermite, pendant que le verbiage honteux de ses ennemis faisait grand cancan de sa folie, de sa monomanie furieuse, de sa mort, de son autopsie, voire même de son oraison funèbre. — Ces rumeurs arrivèrent jusqu'au petit ermitage; elles donnèrent au Professeur l'occasion de se gausser avec ses voisins et ses amis; cependant elles affligèrent cruellement une femme, une fille, un vieillard. — Mais qu'importe à l'ennemi quand il est en train à tuer ! Songe-t-il qu'il a, lui aussi, une femme, des enfants, des vieux parents ?....

Le 6 Septembre, le Professeur, se sentant tout-à-fait revenu à la santé, quitta son ermitage, revint s'installer en ville, et incontinent se mit à voir des malades et à reprendre ses fatigues habituelles. Pour se ménager un peu, il s'occupa d'acheter un cheval ; à cet effet, il dut aller, le 9 au matin, en compagnie de sa femme et de sa fille dont il voulait consulter les goûts, dans un faubourg où la fatalité leur fit rencontrer un jeune homme qui, dans ces derniers temps, s'était le plus distingué par les méchantes plaisanteries que l'on avait fait courir sur le compte du chirurgien en chef ; cet individu poussa l'impudence jusqu'à se retourner plusieurs fois pour toiser ALQUIÉ, quand, au contraire, son devoir l'obligeait à saluer avec respect le Professeur qui fut visiblement outré de cette inqualifiable grossièreté ; — cependant il se contint ; — mais son visage prit une telle expression, que sa femme et sa fille en ressentirent une violente émotion. La chaleur, à cette époque, était égale à celle des jours caniculaires. On se fatigua beaucoup en allées et

venues en plein soleil ; la sueur les inondait ; un moment
il fallut faire une halte forcée dans une grande remise où
il y avait un si grand courant d'air, qu'ils en sentirent,
tous trois, la fraîcheur saisissante. — De retour à la
maison, des rafraîchissements, de la glace même, furent
imprudemment mis à leur discrétion. Le lendemain, di-
manche, Madame ALQUIÉ fut prise de violents maux de
tête ; le sur-lendemain, à son tour, M. ALQUIÉ se sentit
tout à coup très-fatigué et fut obligé de rentrer chez lui
avant d'avoir vu tous ses malades. — Dans la nuit, Marie
ALQUIÉ fut très-malade, et Madame ALQUIÉ fut prise, à
5 heures du matin, d'un violent accès de fièvre ; enfin le
mercredi matin, 13, à 7 heures, le Professeur ressentit
un véritable accès, et vit apparaître une éruption miliaire,
discrète, accompagnée de prurit très-incommode. Ces
accès et l'éruption avec prurit revinrent régulièrement
tous les deux jours impairs, et toujours le matin vers 6
heures. Les nuits étaient fort mauvaises ; il s'éveillait au
moindre bruit, accourait auprès de sa femme et de sa fille
dont les accès venaient pendant la nuit. Sa fille, sa fille
unique ! sa femme ! toutes deux insidieusement menacées !
Le père, le mari, le médecin était cruellement alarmé.
Enfin lui-même, brisé par la fièvre, après ces nuits d'an-
goisse passées à donner des soins, il voulut, autant pour
dérober à sa famille ses défaillances physiques, que pour
prévenir les mauvaises conditions de l'encombrement de
malades, se faire dresser un lit dans un salon éloigné des
chambres. C'était le samedi 16 Septembre : — « Ah ! que je
trouve ce lit bon ; — mais je n'y suis pas pour long-temps,

dit-il, d'un air étrange, à une ancienne bonne qui en fut frappée.

La vue de leurs maîtres sérieusement malades, tous les trois au lit, alarma vivement les domestiques qui voulurent faire prévenir un médecin ; mais le Professeur s'y opposa : « Que va-t-on dire encore, attendez ! ce ne sera rien ; — soignez bien Madame et Mademoiselle ; il sera toujours temps de réveiller la médisance. — Ce même jour, il eut un fort mauvais accès ; les domestiques, effrayés, firent venir de leur propre chef un médecin, ancien ami de la famille de Madame ALQUIÉ. La quinine fut administrée, mais l'accès dura plus long-temps que de coutume, jusqu'à 3 heures du matin ; la fièvre devint tout à coup quotidienne, car elle reparut quatre heures après, lundi 18, à 7 heures du matin. Par une singulière fatalité, ce jour même, Madame ALQUIÉ était très-malade. Cependant, sur le soir, le Professeur fut beaucoup mieux et ne se plaignait que d'un grand besoin de dormir qu'il n'avait pu encore satisfaire depuis plusieurs jours.

Le lendemain mardi, 19, après une nuit d'insomnie, l'accès reparut à 5 heures du matin. Quelques instants après, il demandait l'heure à son ancienne domestique, et, lui ayant fait toucher le creux des mains : « Je vois bien que je suis perdu, dit-il à cette bonne fille qui était bien loin de penser à un danger imminent. — La veille au soir, il avait tenu le même propos à sa belle-mère qui était venue le voir, et il lui avait demandé pardon pour toutes les contrariétés qu'il aurait pu lui avoir occasionné. — A 10 heures du matin, il tendit encore une de ses mains à la domestique en lui disant : « Ce sera bientôt fait.... C'est cependant bien triste de ne pouvoir embrasser ma femme et ma fille. — A 11 heures et demi, il dit encore à la même personne : « Recommandez bien de ma part à Mademoiselle Marie d'être toujours bien obéissante envers sa mère ; à cette heure-là, encore, il paraissait bien malade, mais pas assez pour que l'on prît au sérieux ce qu'il disait, du reste, d'une voix douce, avec un visage serein que rien ne trahissait, pas même la résignation. — Cependant cet état de malignité n'était point resté impénétrable au yeux du médecin-traitant ; déjà, dans la matinée, il l'avait soupçonné ; à 11 heures, il en fut saisi : — une consultation fut convenue et fut réunie à midi et un quart. — Alquié expirait !...

Voilà comment Alquié mourut ; non pas précisément à la fleur de son âge, mais au plus beau moment de sa vie morale ou intellectuelle, alors qu'il commençait à jouir du fruit de ses peines ou de ses travaux. Il n'est point mort, comme on l'a fait entendre (1), victime de son zèle, de son ardeur, de sa passion sans règle et sans frein pour les devoirs de son état, ou par excès de travail et d'activité ; les fibres de son cerveau n'étaient ni tendues, ni lassées, ni rompues ; il a été rapidement emporté par un accès pernicieux de fièvres contractées dans l'exercice de sa profession, et parce qu'il ne reçut point assez tôt les

___

(1) Ces paroles, qu'une improvisation fourvoyée par des bruits publics et calomnieux à prononcées, sont d'autant plus à regretter qu'elles doivent infailliblement servir de texte officiel à ceux, même, les moins prévenus, qui auront un jour à parler d'Alquié.

secours de l'art ; non pas qu'il les eût refusés ou qu'ils lui eussent manqué, mais parce qu'il ne voulait pas que l'on pût dire de lui ce que précisément on a dit sur sa tombe ! — sur cette tombe où une pieuse main a tracé l'histoire de sa vie entière avec ces mots :

Il aima les pauvres et la justice !

Cette mort fit tressaillir toute la cité ; tous ses amis furent consternés ; ses ennemis, eux-mêmes, les plus dignes, en furent touchés. Un concours immense d'hommes de tout rang, de toute profession, de tout état, accompagna l'homme de bien à sa dernière demeure. Ce fut une véritable et grande manifestation publique (1). En pouvait-il être autrement pour cet enfant du peuple devenu éminent par son seul courage, son énergie, sa constance et sa foi, surpris par la mort au milieu d'une santé florissante, à l'âge de sa plus grande force du cœur et de l'esprit ? Cette manifestation fut l'expression, non pas de cette popularité vaine et banale qui s'attache parfois à des hommes indignes que tourmente la soif d'une ambition excessive, et qui, pour l'assouvir, s'adressent aux passions de la multitude, mais bien l'expression de cette popularité générale, digne, occulte, méritée mais non briguée, de cette popularité que l'Académie vient de définir : Cette puissance mystérieuse dont la société dispose à son insu,

---

(1) La calomnie, qui suivait, elle aussi, ce deuil, ne manqua pas de flétrir cette manifestation en la mettant sur le compte de l'exaltation des passions populaires.

ce parfum d'estime, cette fleur de respect qui s'attache involontairement à l'honneur.

Pour quelques-uns, cette fatale destinée pourrait trop assombrir le tableau de la vertu méconnue et quittant ce monde sans triomphe ni rémunération ; — erreur ! — ALQUIÉ eut ses jours de triomphe et de récompense ; — à sa grande âme échurent des émotions sublimes ; à son grand cœur furent réservées des joies bien modestes mais ineffables du foyer domestique. Qu'importent maintenant les mesquines tracasseries de quelque honteux parvenu, de quelque petit Caïn qui se targuent d'une solidarité plus que véreuse ; — ce qui serait vraiment pénible tiendrait plutôt à des rancunes, quelquefois légitimes, d'hommes qui étaient à la hauteur de l'éminent Professeur ALQUIÉ, et qui étaient dignes de ses contestes ou de ses oppositions ; mais leur loyauté, leur mérite sont garants d'un oubli respectueux devant une mort qui détruit une rivalité que, peut-être même, ils honorent. Qui sait, enfin, si les lèvres du mourant n'ont pas prononcé la sublime prière :

« Pardonnez-nous nos offenses comme nous pardonnons à ceux qui nous ont offensés. »

Ceux qui ont vu, pour la dernière fois, le visage inanimé d'ALQUIÉ, assurent qu'il était beau, et qu'un doux sourire s'était arrêté sur sa bouche.

N'avait-il point accompli ce que dit le grand Poëte (1) :

---

(1) Victor HUGO. — Paroles dans l'épreuve ; — Légende des siècles.

Soi-même se scruter d'un regard inclément,
Être abnégation, martyre, dévouement,
Bouclier pour le faible et pour le destin cible,
Aller, ne se garder aucun retour possible,
Ne jamais se servir pour s'évader d'en haut,
Pour fuir, de ce qui sert pour monter à l'assaut,
Telle est la loi ; la loi du devoir, du Calvaire,
Qui sourit aux vaillants avec son front sévère.

Je crois vous avoir dit avec vérité, Monsieur et honoré confrère, comment ALQUIÉ est né, a grandi, a lutté, a vaincu ; ce qu'il a pensé et fait ; pourquoi il a été haï et aimé ; enfin, comment il est mort. Vous avez vu ce que promettait Alexis, ce qui a élevé et distingué ALQUIÉ ; quel était le Professeur. — Enfant ! s'agitant dans l'ornière sociale ; homme ! s'élevant par le travail ; parvenu ! se légitimant par sa constance, sa fidélité aux lois de l'honneur et de la conscience. Sa vie renferme des leçons, des exemples, des encouragements, surtout de grandes consolations pour la douleur que sa perte nous fait éprouver à tous, suivant l'ordre dans lequel nous sommes placés devant sa mémoire.

Vous, l'épouse tant aimée à cause du bonheur le plus doux que vous apportâtes, la première, à sa vie déjà glorieuse mais jusqu'alors bien dure, quand vous lirez cette faible apologie, puissiez-vous y trouver la consolante pensée que cet homme, dont vous portez fièrement le nom, était de ceux que l'esprit et le cœur, l'intelligence et la bonté, l'honneur et le courage élèvent bien au-dessus des autres hommes, en leur conférant l'estime, le respect et l'admiration, en leur consacrant une popularité d'autant mieux acquise qu'ils ne la briguèrent jamais ; la considération seule la leur ayant hautement ménagée. Ce nom, celui d'un homme supérieur, qui ne doit de son élévation rien à personne, vous donne ce droit, ce privilége, assez rare de notre temps, quoique beaucoup d'indignes se l'arrogent, de pouvoir lever la tête partout : que si quelques regards impudents, ne respectant pas la veuve et l'orpheline, osent ne point s'abaisser devant le vôtre, restez assurée que la brutalité n'a ni âme, ni honneur, et qu'elle est indigne même de votre mépris.

Vous, Marie, pauvre orpheline de 12 ans, pleurez, pleurez encore ! mais souriez au ciel bleu, au beau soleil ; votre père, à votre âge, ne savait pas plus que cela ; depuis, il apprit beaucoup ; aussi vous a-t-il laissé une grande et belle leçon dans ces quelques paroles : « Que Marie soit toujours obéissante envers sa mère. » Parce que lui-même aimait beaucoup la sienne, et, en mourant, il fut persuadé que, si vous obéissez, vous serez heureuse.

Vous, ses amis de tout âge, qui avez été ses camarades d'école, ses condisciples, ses vrais soutiens dans l'infortune, ses admirateurs sincères dans la prospérité ; — nous, qui avons été ses élèves, qui avons subi ses sévérités, usé de ses leçons et joui de son affection ; qui avons été initiés à sa vie, à ses espérances, à ses joies, ne conserverons-nous pas toujours la mémoire de cet homme que nous admirions encore plus que nous ne l'aimions, parce qu'il fut toujours, à nos yeux, l'éminent Professeur, l'homme le plus loyal et le plus honnête que l'on peut voir ?

Ceux qui ne le connaîtront que par ces lignes, comme vous, honoré confrère, pourront-ils s'étonner de lire autant une apologie qu'une biographie ? — Après tout, il n'est pas si extraordinaire pour ne pas dire qu'il est commun, dans notre siècle, de voir un homme de rien parvenir même au faîte des grandeurs. — Un soldat, devenir maréchal ; — un berger, devenir ministre, un MURAT ! un CHAPTAL !—Ici, dans cette ville, serait-on embarrassé pour citer des noms qui honorent l'armée, le palais, la Faculté, l'École ! non certes, et c'est là un des signes les plus resplendissants de nos progrès sociaux. Quelle est donc ma prétention ? — elle est toute modeste : l'accomplissement d'un pieux devoir ! — Quel est mon but? — Attirer tous les yeux vers cette noble figure, la laver du mensonge, la faire témoigner une dernière fois, en inspirer le respect, — quelque chose de plus encore : l'affection ! L'heure des récriminations, de la lutte est passée, — les blessures vont être guéries, —- la guerre est à jamais finie ; — tendez une main fraternelle, — répétez à l'histoire les hauts faits, et, au milieu de la paix de vos cœurs, contemplez, admirez votre ami ou votre ennemi mort ! — Songez que nous avons tous une même patrie où la justice, l'amour appellent les belles âmes de tous les partis et de toutes les causes ; — haïr est terrestre, aimer est éternel !

J'ai la douce espérance, Monsieur et honoré confrère, que vous comprendrez toutes mes intentions, que vous approuverez tous mes efforts, et que vous accueillerez l'expression de mes sentiments de bonne confraternité.

L. SURDEN.

Montpellier, 1er Mars 1866.

www.ingramcontent.com/pod-product-compliance
Lightning Source LLC
Chambersburg PA
CBHW071328030726
47594CB00002B/586